EL HOMBRE MÁS RICO DE BABILONIA

Edición Original de 1926

~ ※ ~

Una bolsa vacía es más fácil de remediar que de soportar.

"Las murallas de Babilonia y el templo de Bel", dibujo de 1917 basado en estudios de entonces.

Escrito por *George S. Clason*

Traducido por Carlos Gil, © 2023 Innovative Eggz LLC
Se pueden proporcionar comentarios sobre esta edición en InnovativeEggz.com

~ ※ ~

CONTENIDO

- EL HOMBRE QUE DESEABA ORO 6
- EL HOMBRE MÁS RICO DE BABILONIA 10
- PROCLAMACIÓN REAL 17
- LAS SIETE MANERAS DE LLENAR UNA BOLSA VACÍA 18
- LA DIOSA DE LA BUENA FORTUNA 29
- LAS CINCO LEYES DEL ORO 38
- EL PRESTAMISTA DE ORO DE BABILONIA 46
- LAS MURALLAS DE BABILONIA 54
- EL MERCADER DE CAMELLOS DE BABILONIA 57
- LAS TABLILLAS DE ARCILLA DE BABILONIA 64
- EL HOMBRE MÁS AFORTUNADO DE BABILONIA 72
- SEMBLANZA HISTÓRICA DE BABILONIA 83
- EL AUTOR Y SU LIBRO 87

Ante ti se encuentra tu futuro como un camino que conduce a la distancia. A lo largo de ese camino se encuentran ambiciones que deseas lograr... deseos que quieres gratificar.

Para poder cumplir tus ambiciones y deseos, debes ser exitoso con el dinero. Usa los principios financieros que se explican claramente en las páginas a continuación. Permite que te alejen de una vida austera y te conduzcan a una vida feliz y plena que la riqueza monetaria hace posible.

Tal como ocurre con la Ley de la Gravedad, dichos principios son universales y constantes. Que ellos te muestren, como les han mostrado a muchos otros, el camino a una billetera llena, a enormes cuentas bancarias y a un progreso financiero más que gratificante.

MIRAD, EL DINERO ES ABUNDANTE
PARA AQUELLOS QUE ENTIENDEN
LAS SIMPLES REGLAS DE SU OBTENCIÓN

1. *Empieza a abultar tu bolsa*
2. *Controla tus gastos*
3. *Haz que tu oro se multiplique*
4. *Evita que tus tesoros se pierdan*
5. *Haz de tu morada una inversión rentable*
6. *Asegura un ingreso a futuro*
7. *Incrementa tu habilidad para ganar dinero*

PRÓLOGO

Nuestro éxito como nación radicará fuertemente en la prosperidad financiera de cada uno de nosotros como individuos.

Este libro trata con los éxitos personales de cada uno de nosotros. El éxito no es más que los logros que obtenemos como resultado de nuestros propios esfuerzos y habilidades. Una preparación adecuada es la clave para el éxito. Nuestros actos no pueden ser más sabios que nuestros pensamientos y nuestros pensamientos no pueden ser más sabios que nuestra compresión.

Este libro ha sido considerado una guía para la comprensión financiera. De hecho, ese es su propósito: ofrecer a aquellos ambiciosos de obtener éxitos financieros un conocimiento que los ayudará a obtener dinero, a mantenerlo y a hacer que sus excedentes produzcan más.

En las páginas a continuación nos trasladaremos a la antigua Babilonia, la cuna en la que se nutrieron los principios básicos financieros que hoy en día son usados y reconocidos a lo largo del orbe.

Para los nuevos lectores, el autor desea de manera vehemente y entusiasta que encuentren en estas páginas la inspiración que necesitan para hacer crecer sus cuentas bancarias, lograr éxitos financieros y solventar problemas económicos difíciles, tal como lo han reportado alegremente lectores de costa a costa.

El autor desea expresar su agradecimiento a los hombres de negocios que han compartido generosamente este libro con sus amigos, familiares, empleados y socios. No puede haber un respaldo más grande que el ofrecido por hombres que aprecian sus enseñanzas, porque ellos mismos se han abierto camino a éxitos importantes al aplicar los mismos principios por los que este libro aboga.

Babilonia se convirtió en la ciudad más rica del mundo antiguo porque sus ciudadanos fueron las personas más ricas de su época. Ellos apreciaron el valor del dinero. Ellos practicaron principios financieros en adquirir dinero, mantener el dinero y hacer que su dinero produjera más dinero. Ellos se aseguraron de tener lo que todos deseamos... ingresos para el futuro.

—G. S. C

El dinero es el medio por el cual el éxito terrenal se mide.

El dinero hace posible el disfrute de lo mejor que la Tierra tiene para ofrecernos.

El dinero es abundante para aquellos que entienden las leyes simples que gobiernan su obtención.

El dinero es gobernado hoy en día por las mismas leyes que lo controlaban cuando hombres prósperos atestaban las calles de Babilonia, seis mil años atrás.

EL HOMBRE QUE DESEABA ORO

Bansir, el constructor de cuadrigas de Babilonia se encontraba profundamente desanimado. Desde su asiento ubicado sobre el pequeño muro que rodeaba su propiedad, él miraba con tristeza su humilde morada y el taller abierto en el que se encontraba una cuadriga a medio terminar.

Su esposa aparecía frecuentemente en la puerta abierta. Sus miradas furtivas en su dirección le recordaron que la bolsa de alimentos estaba casi vacía y que él debería continuar trabajando en la cuadriga para así poder culminarla. Para ello debía martillar, tallar, pulir, pintar, tensar el cuero sobre las llantas de las ruedas y por último prepararla para la entrega para así poder cobrarle el trabajo a su opulento cliente.

Sin embargo, su cuerpo gordo y musculoso se sentaba rígidamente sobre el muro. Su mente lenta estaba luchando pacientemente con un problema para el cual él no podía encontrar respuesta. El sol caliente y tropical tan típico de este valle del Éufrates se abatía contra él sin piedad. Gotas de sudor se formaban en su entrecejo y bajaban por su cuerpo para perderse en la selva peluda de su pecho.

Mas allá de su casa se encontraban los altos muros que rodeaban el palacio del Rey. En la cercanía, atravesando el cielo azul estaba la torre pintada del templo de Bel. A las sombras de tal grandiosidad estaban su humilde casa y las de varios otros mucho menos cuidadas y arregladas. Babilonia era así—una mezcla de grandiosidad y mugre, de gran opulencia y extrema pobreza, todos hacinados sin un plan o sistema dentro de los muros protectores de la ciudad.

Detrás de él, si se hubiese molestado en mirar, las cuadrigas ruidosas de los ricos daban empujones y se abrían paso a través de mercaderes con sandalias y pordioseros descalzos. Incluso los ricos eran forzados a meterse en las canaletas para darle paso a largas filas de esclavos al servicio del Rey que transportaban agua, cada uno de los cuales cargaba un pesado pellejo lleno de agua para verterla en los jardines colgantes.

Bansir estaba tan absorto en sus propios problemas como para escuchar o prestar atención a todo el alboroto que ocurría a su alrededor. Fue el inesperado sonido de las cuerdas de una lira familiar lo que lo trajo de vuelta de su ensimismamiento. Se dio la vuelta y pudo mirar la cara sensible y sonriente de su mejor amigo—Kobbi, el músico.

"Que los Dioses te bendigan con gran generosidad, mi buen amigo", empezó Kobbi con un saludo elaborado. "Pero parece que ya han sido generosos contigo porque no necesitas trabajar. Me alegro de tu buena fortuna. Es más, me gustaría compartirla contigo. Debes abundar en riqueza porque de lo contrario estarías trabajando en tu taller, así que por favor te pido que me prestes dos shekels hasta después de la fiesta de los nobles esta noche. Te los devolveré, no los perderás".

"Si yo tuviese dos shekels", respondió Bansir con tristeza, "no se los prestaría a nadie—ni siquiera ti, mi mejor amigo; porque esos dos shekels serían toda mi fortuna, mi fortuna entera. Nadie presta toda su fortuna, ni siquiera al mejor de sus amigos".

"¿Qué?", Kobbi exclamó con auténtica sorpresa. "¡No tienes ningún shekel en tu bolsa y aun así te sientas como una estatua sin hacer nada! ¿Por qué no completas la cuadriga? ¿De qué otro modo puedes financiar tus nobles apetitos? Amigo mío, tú no eres así. ¿Dónde está tu energía infinita? ¿Acaso algo te preocupa? ¿Los Dioses te han traído problemas?"

"Quizá los Dioses me han traído tormento", Dijo Bansir. "Todo empezó con un sueño, un sueño carente de sentido en el que yo pensaba que era un hombre pudiente. De mi cinturón colgaba una hermosa bolsa llena de monedas. Había shekels que yo despreocupadamente les daba a los pordioseros; había piezas de plata con las cuales compré joyas para mi mujer y cualquier cosa que quisiera para mí mismo; había piezas de oro que me hacían sentir seguro del futuro y sin miedo de gastar las piezas de plata. ¡Me invadía una alegría gloriosa! No me habrías reconocido. Tampoco hubieses reconocido a mi mujer, con la cara libre de arrugas y sonriente de felicidad. Ella era de nuevo la doncella sonriente con la que me casé".

"En efecto fue un sueño placentero", Kobbi comentó, "¿pero por qué tales sensaciones llenas de gozo te han convertido en una abatida estatua melancólica sobre el muro?"

"Porque cuando me desperté y recordé cuan vacío estaba mi bolsa de monedas, una sensación de rebelión me invadió. Hablemos sobre ello, porque tal como dicen los marineros, nosotros dos vamos en el mismo bote. Como niños fuimos a donde se encontraban los sacerdotes para aprender sabiduría. Como hombres jóvenes compartimos los mismos placeres. Como adultos siempre hemos sido amigos cercanos. Siempre hemos estado satisfechos con nuestra clase. No tenemos reparo en trabajar largas horas y gastar nuestras ganancias libremente. Hemos ganado mucho dinero con el paso de los años, pero solo podemos soñar con las alegrías y placeres que la riqueza nos brinda. ¿Acaso no somos más que tontas ovejas? Ambos vivimos en la ciudad más rica en todo el mundo. Los viajeros dicen que nadie más nos iguala en riqueza. Nosotros mismos no tenemos nada de riqueza a pesar de que esta abunda a nuestro alrededor. Después de toda una vida de trabajo duro, tú, mi mejor amigo, no tienes nada de dinero en tu bolso y me preguntas: '¿Me puedes prestar una nimiedad como lo son dos shekels hasta después del festín de los nobles de esta noche?' ¿Entonces que esperas que yo responda? ¿Debo acaso decir que compartiré alegremente todo el contenido en mi bolsa? No, yo admito que mi bolsa está tan vacía como la tuya. *¿Cuál es el problema? ¿Por qué no podemos adquirir más oro y plata del que necesitamos para comida y vestido?*"

"Toma en consideración también a nuestros hijos", Bansir continuó. "¿Acaso ellos no hacen más que seguir los pasos de sus padres? ¿Acaso necesitan ellos, sus familias, y las familias de sus hijos y nietos vivir en medio de tanta opulencia y oro, y aun así contentarse solo con comer crema de avena y beber leche de cabra como nosotros?"

"En todos los años que llevamos siendo amigos nunca habías hablado así hasta ahora, Bansir". Kobbi estaba confundido.

"Hasta ahora nunca había pensado así. Desde el alba hasta el ocaso he trabajado para construir las mejores cuadrigas que un hombre pudiera crear, esperando tranquilamente que los Dioses reconociesen mis nobles acciones y me concedieran gran prosperidad. Al final reconozco que es algo que ellos nunca han hecho ni nunca lo harán. Por todo lo que te acabo de decir mi corazón está triste. Deseo riqueza y poseer tierras y ganado, tener prendas finas y monedas en mi bolsa. Estoy dispuesto a trabajar por todas esas cosas con toda la fuerza en mi espalda, con toda la habilidad en mis manos y con todo el ingenio en mi mente, pero deseo que mi trabajo sea recompensado justamente. ¿Qué nos pasa? ¡Te pregunto de nuevo! ¿Por qué no podemos tener una ración justa de todas las cosas buenas que aquellos con oro en sus bolsillos disfrutan en abundancia?"

"¡Ojalá supiera la respuesta!", Kobbi respondió. "Estoy igual de insatisfecho que tú. Lo que obtengo gracias a mi lira se desvanece rápidamente. A menudo debo hacer planes y pensar en maneras para que mi familia no pase hambre. Yo también deseo en lo más profundo de mi corazón el tener una lira lo suficientemente grande para cantar realmente la música que imagino en mi mente. Con un instrumento de ese calibre yo podría producir una música más hermosa que incluso la que escucha el mismísimo Rey".

"Una lira así es la que deberías tener. Ningún otro hombre en Babilonia podría tocarla tan dulcemente, no solo el Rey sino los mismísimos Dioses estarían encantados. ¿Pero cómo podrías conseguirla si nosotros somos tan pobres como los esclavos del Rey? ¡Escucha la campana! Allá vienen". Apuntó su dedo a una larga columna de esclavos sudorosos y semidesnudos que subían laboriosamente por las calles. Marchaban en grupos de a cinco, cada uno de ellos encorvado bajo un pesado pellejo de agua.

"El que los lidera es una persona agradable a la vista". Kobbi señaló al portador de la campana que marchaba al frente sin cargar nada. "Un hombre distinguido en su propio país es muy fácil de ver".

"Hay muchas personas en la fila", dijo Bansir, "hombres tan buenos como nosotros. Hombres rubios y altos del norte, negros risueños del sur y hombrecitos de piel marrón de países circundantes. Todos marchando juntos desde el río hasta los jardines, día tras día y año tras año. No pueden aspirar a ninguna felicidad y solo deben conformarse con camas de paja sobre las cuales dormir y gachas de grano duro para comer. ¡Compadécete de esas pobres bestias, Kobbi!"

"Yo siento lástima por ellos. Pero tú me haces ver que nosotros no somos muy diferentes a ellos, y aun así nos hacemos llamar hombres libres".

"Eso es cierto, Kobbi, no podemos negar que es un pensamiento desagradable. No deseamos seguir viviendo todos los años como esclavos. ¡Trabajando y trabajando sin llegar a nada!"

¿No podríamos simplemente averiguar como los demás adquieren oro y copiar lo que hacen?" Kobbi preguntó.

"Quizás hay algún secreto que podríamos aprender si le preguntamos a los que saben", Bansir respondió pensativamente.

"Este mismo día me topé con nuestro viejo amigo Arkad, el cual iba montado en su cuadriga dorada", Kobbi respondió. "Te diré esto, él no me miró por encima del hombro como muchos en su posición podrían considerar su derecho. Más bien, él agitó su mano para que todos los demás pudiesen ver como él saludaba y concedía su sonrisa de amistad a Kobbi, el músico".

"Se dice que él es el hombre más rico de Babilonia", Bansir reflexionó.

"Es tan rico que se dice que el mismísimo Rey busca su ayuda dorada en lo que concierne al manejo de la tesorería", Kobbi respondió.

"Es tan rico que temo que si me lo encontrase en la oscuridad de la noche, lo primero que haría sería quitarle su bolsa repleta de oro", Bansir comentó.

"No digas sandeces", Kobbi criticó su comentario, "la riqueza de un hombre no yace en la bolsa que lleva. Una bolsa llena se vacía rápidamente si no hay un flujo de oro que la llene nuevamente. Arkad tiene un ingreso que mantiene su bolsa constantemente llena de dinero independientemente de cómo lo gaste".

"Ingresos, esa es la palabra", dijo Bansir. "Deseo unos ingresos que mantengan mis bolsas llenas sin importar si me siento sobre el muro o viaje a tierras lejanas. Arkad debe saber cómo un hombre puede generar ingresos por sí mismo. ¿Crees que es algo que él le pudiera aclarar a una mente tan lenta como la mía?"

"Yo creo que él le enseñó sus conocimientos a su hijo Nomasir", Kobbi respondió. "Acaso él no fue a Nínive y, como se dice en la posada, se convirtió en uno de los hombres más ricos de esa ciudad sin la ayuda de su padre?"

"Kobbi, me acabas de hacer pensar en algo raro". Una luz nueva resplandecía en los ojos de Bansir. "No cuesta nada pedirle un consejo sabio a un buen amigo, y Arkad siempre lo fue. No importa que nuestras bolsas estén tan vacías como el nido del halcón de hace un año. Que eso no nos detenga. Estamos muy cansados de no tener ni una moneda de oro en medio de tanta opulencia. Queremos convertirnos en hombres ricos. Vamos, visitemos a Arkad y preguntémosle como podemos también nosotros adquirir fortuna por nosotros mismos".

"Las palabras salen de tu boca con auténtica inspiración, Bansir. Me hiciste comprender algo nuevo. Me hiciste darme cuenta del motivo por el cual nunca encontramos ni un ápice de riqueza. Nosotros nunca la buscamos. Tú has trabajado pacientemente en la construcción de las cuadrigas más firmes y solidas de Babilonia. Dedicaste tus mejores esfuerzos para conseguir ese propósito, por lo cual tuviste éxito en lograrlo. Yo luché para convertirme en un habilidoso tocador de lira, lo cual conseguí".

"Nosotros tuvimos éxito en aquellas cosas en las cuales dedicamos nuestros mejores esfuerzos. Los Dioses estaban felices en dejarnos continuar así. Ahora, después de todo, vemos una luz brillar como el sol naciente que nos invita a aprender más para que podamos prosperar más. *Con un nuevo entendimiento encontraremos maneras honorables de cumplir nuestros deseos*".

"Vayamos hoy mismo a visitar a Arkad", dijo Bansir, "también pidámosle que nos acompañen a otros amigos de la infancia. Ellos se encuentran igual que nosotros y también podrían beneficiarse de su sabiduría".

"Tú siempre fuiste considerado con tus amigos, Bansir. Esa es la razón por la que tienes tantos. Será como tú dices. Iremos a visitar a Arkad el día de hoy y los llevaremos con nosotros".

EL HOMBRE MÁS RICO DE BABILONIA

En la antigua Babilonia vivió una vez un hombre realmente rico llamado Arkad. Él era ampliamente conocido por su gran riqueza y generosidad. Él era caritativo, generoso con su familia y desprendido en sus gastos personales. Sin embargo, cada año su riqueza aumentaba a una mayor velocidad que la de sus gastos.

Un día varios amigos de la infancia fueron a visitarlo y dijeron: "Tú, Arkad, eres más afortunado que nosotros. Te has convertido en el hombre más rico de toda Babilonia mientras nosotros aún luchamos por conseguir pan para comer. Puedes vestir las túnicas más finas y disfrutar las exquisiteces más extrañas mientras nosotros debemos contentarnos con apenas poder vestir y alimentar a nuestras familias tan bien como podamos.

"Y aun así hubo un tiempo en el que fuimos iguales. Estudiamos bajo las enseñanzas del mismo maestro y jugamos los mismos juegos. Y ni en los estudios ni en los juegos nos superabas. Y en los años posteriores hemos sido ciudadanos tan honorables como tú".

"Y por lo que podemos ver, tampoco has trabajado más dura ni diligentemente que nosotros. ¿Por qué entonces debería la caprichosa fortuna escogerte para disfrutar las cosas buenas de la vida e ignorarnos a los que somos igual de merecedores?"

A continuación Arkad empezó a discutir con ellos diciendo: "Si ustedes no han conseguido más que una existencia vacía en los años que han pasado desde que éramos jóvenes, es porque han fracasado en aprender las leyes que gobiernan la construcción de la riqueza o no las observan".

"La 'Caprichosa Fortuna' es una diosa despiadada que no brinda felicidad permanente a nadie. Por el contrario, ella trae ruina a casi todo hombre al que baña de oro inmerecido. Ella provoca que los hombres gasten dinero sin sentido, causando que estos disipen pronto todo lo que reciben y queden asolados por apetitos y deseos arrolladores que no pueden gratificar. Otros a quienes ella favorece se vuelven tacaños y guardan sus riquezas, temiendo gastar lo que tienen, porque saben que no cuentan con la habilidad para remplazarlo. Por ende, ellos terminan siendo atacados por el temor a ser robados y se condenan a sí mismos a una vida vacía y miserable".

"Probablemente hay otros quienes ganan continuamente oro de manera inmerecida y son ciudadanos felices y contentos. Pero solo son muy pocos, y los conozco solo por rumores. Piensen en los hombres que han heredado repentinas riquezas y analicen si las cosas que digo no son ciertas".

Sus amigos no pudieron más que darle la razón cuando pensaron en los hombres conocidos que habían heredado riquezas, y le suplicaron que les explicara como él había logrado obtener tanta fortuna y prosperidad, así que él continuó:

"En mi juventud miré a mi alrededor y observé todas las cosas buenas que nos brindaban felicidad y dicha, y me di cuenta de que la riqueza incrementaba la potencia de todas ellas".

"La riqueza es un poder. Gracias a la riqueza, muchas cosas son posibles".

"Uno puede adornar la casa con el mobiliario más exclusivo de todos".

"Uno puede navegar hasta mares distantes".

"Uno puede darse un festín con las exquisiteces de tierras lejanas".

"Uno puede comprar adornos finos de joyeros y orfebres".

"Uno puede incluso construir increíbles templos para los Dioses".

"Uno puede hacer todas esas cosas y muchas más, cosas en las que hay deleite para los sentidos y gratificación para el alma".

"Y cuando yo me di cuenta de todo lo anterior, decidí que yo reclamaría mi cuota de los placeres de la vida. Yo no sería uno de aquellos que miran desde lejos y con envidia a quienes disfrutan. No estaría contento con vestirme con prendas de vestir baratas que tuvieran un mínimo de decencia. No estaría satisfecho con la suerte de un hombre pobre, sino que en cambio, yo formaría parte de este banquete de cosas buenas".

"Al ser, como ustedes saben, el hijo de un humilde mercader, un miembro más de una numerosa familia sin derecho a tierras ni herencia, y al no estar dotado de poderes ni sabiduría superior, decidí que si quería lograr lo que deseaba, entonces necesitaba tiempo y estudio".

"Con respecto al tiempo, todos los hombres lo tienen en abundancia. Cada uno de ustedes han dejado pasar mucho tiempo para empezar a cosechar riqueza. Y aun así, ustedes admiten que no tienen nada que mostrar a excepción de sus buenas familias, de las cuales pueden estar justamente orgullosos".

"Con respecto al estudio... ¿Acaso nuestro sabio maestro no nos decía que había dos clases de aprendizaje: uno que era las cosas que aprendíamos y conocíamos, y el otro que era el entrenamiento y la formación que nos enseñaba a averiguar lo que no sabíamos?"

"Por ende, yo decidí averiguar como uno podría acumular riqueza, y cuando lo hubiese al fin averiguado, me encargaría de convertirla en mi tarea y hacerla bien. ¿Por qué acaso no es sabio que disfrutemos nuestras vidas antes de que el brillo del sol se extinga y partamos tristemente hacia la oscuridad y el mundo espiritual?"

"Encontré empleo como un escriba en el Salón de los Registros y trabajé incansablemente cada día sobre las tablas de arcilla. Trabajaba semana tras semana y mes tras mes, pero incluso así mis ingresos eran muy pocos. La comida, el vestido, el tributo a los Dioses y otras cosas que no puedo recordar absorbían todas mis ganancias. Pero mi determinación nunca me abandonó".

"Y un día Algamish, el prestamista, se presentó en la casa del maestro de la ciudad y pidió una copia de la Novena Ley. Él me dijo: 'La necesito para dentro de dos días, si la tienes lista para ese momento, te daré dos monedas de cobre'".

"Por lo que yo trabajé muy duro, pero la ley era muy larga y cuando Algamish regresó la tarea estaba aún incompleta. Él estaba molesto y si yo hubiese sido su esclavo, seguramente me hubiera golpeado, aunque estoy seguro de que el maestro de la ciudad no lo hubiera permitido. Yo no le tenía miedo, así que le dije lo siguiente:"

"Algamish, eres un hombre muy rico. Dime que debo hacer para también serlo, y esculpiré sobre la arcilla toda la noche para que cuando llegue el alba tu ley esté completada".

"Él sonrió y me respondió: 'Eres un joven astuto, pero es un trato'".

"Yo esculpí sobre la roca toda esa noche a pesar de que sentía un fuerte dolor en mi espalda y el olor de la lámpara me provocaba un fuerte dolor de cabeza que apenas me dejaba ver. Pero cuando él regresó al amanecer, ya yo había completado las tabletas".

"'Ahora dime lo que me prometiste', le dije".

"Tú has cumplido tu parte del trato, hijo, ahora es parte de que yo cumpla la mía. Te diré las cosas que deseas saber porque me estoy volviendo viejo y a una lengua vieja le gusta hablar. Además, cuando la juventud se acerca buscando consejo, ella obtiene la sabiduría que solamente brindan los años. No obstante, muy a menudo los jóvenes piensan que los años solo conocen la sabiduría de tiempos de antaño y por eso no ven beneficio en ella. Pero recuerda esto, el sol que brilla hoy es el mismo sol que brilló cuando mi padre nació, y seguirá brillando cuando el último de tus nietos perezca".

"Los pensamientos de la juventud son luces radiantes que resplandecen como los brillantes meteoros que surcan los cielos, pero la sabiduría que brindan los años se asemeja a las estrellas fijas que brillan tan inalteradamente que los marineros dependen de ellas para fijar su curso".

"Recuerda muy bien lo que te digo, porque si no lo haces fracasarás en entender la verdad que te diré y pensarás que tu noche de trabajo fue completamente en vano".

"Entonces me miró con perspicacia y me dijo en tono bajo y a su vez enérgico los siguiente: 'Encontré la ruta a la riqueza cuando decidí que *tenía que guardar para mí una parte de todo lo que yo ganaba.* Y lo mismo aplicará para ti'".

"Luego pude sentir como él me atravesaba con su mirada aunque de su boca no salieran más palabras".

"'¿Eso es todo?', le pregunté".

"'Eso fue suficiente para convertir el corazón de un pastor de ovejas en el corazón de un prestamista', él respondió".

"'Pero *todo* el dinero que gano es mío al final de cuentas, ¿no?', le pregunté".

"Nada más lejano de la realidad. ¿Acaso no le pagas al sastre? ¿No le pagas al fabricante de sandalias? ¿No pagas por comida? ¿Puedes vivir en Babilonia sin gastar dinero? ¿Qué te queda de lo que ganaste el mes pasado? ¿Qué te queda de lo que ganaste el año pasado? ¡Tonto! Le pagas a todos menos a ti mismo. Lerdo, trabajas para los demás. Daría igual que fueses un esclavo y tu amo te mantuviera con comida y vestido. Si guardaras para ti una décima parte de todos tus ingresos, ¿cuánto dinero tendrías en diez años?"

"Mi habilidad numérica nunca me falla, y le respondí: 'La misma cantidad de dinero que gano en un año'".

"Esa es una verdad a medias"—él respondió—. "Por cada moneda de oro que ahorras, estás ganando un esclavo que trabaja en tu beneficio. Cada pieza de cobre que esta produce no es más que un hijo que también puede trabajar para ti. Si deseas conseguir riquezas, entonces todo lo que ahorres debe producir ganancias, así como esas ganancias deben rendir más ganancias. Todo ello puede ayudarte a conseguir la riqueza que tanto anhelas".

"Seguramente piensas que te engañé y que tu larga noche de trabajo fue en vano", él continuó, "pero te estaré pagando mil veces más si tienes la inteligencia necesaria para entender la verdad que te ofrezco".

"**DEBES GUARDAR PARA TI UNA PARTE DE TODO LO QUE GANAS.** No debería ser menor a una décima parte sin importar cuan poco ganes. Puede ser mucho más si te lo puedes permitir. Págate a ti mismo primero. No gastes dinero en exceso con el sastre o el fabricante de sandalias, de modo que tengas todavía dinero suficiente para comida, caridad y pagar tributo a los Dioses".

"'La riqueza crece a partir de una pequeña semilla tal como lo hace un árbol. La primera moneda de cobre que ahorres es la semilla a partir de la cual crecerá tu árbol de riqueza. El árbol empezará a crecer con mayor prontitud si siembras esa semilla con rapidez. Y mientras más cuides ese árbol y lo riegues con ahorros consistentes, más pronto disfrutarás de la alegría que su sombra brinde'. Al decir eso, tomó sus tabletas y se fue".

"Yo pensé mucho sobre las cosas que me dijo, y me parecían razonables. Así que decidí intentarlo. Cada vez que me pagaban, tomaba una de las diez piezas de cobre y la escondía. Puede parecer muy extraño, pero nunca sentí que tenía menos dinero que antes. De hecho, noté poca diferencia mientras me las ingeniaba para acostumbrarme a mi nueva situación. Pero muy a menudo me sentía tentado—debido a que mis ahorros empezaban a crecer—a comprar algunas cosas buenas que exhibían los mercaderes, las cuales traían en caravanas de camellos y de barcos provenientes de Fenicia. Pero sabiamente me abstuve".

"Doce meses después de que Algamish me visitó, él regresó y me preguntó: 'Hijo, ¿te has pagado a ti mismo no menos de una décima parte de todo lo que ganaste el año pasado?'".

"Con orgullo le respondí: 'Si, maestro, lo he hecho'".

"'Eso es muy bueno, ¿y qué has hecho con tus ahorros?', me preguntó con una sonrisa".

"Se los di a Azmur, el fabricante de ladrillos, él me dijo que iba viajar a mares lejanos y que haría una parada en Tiro para comprar hermosas y raras joyas fenicias. Cuando regrese, las venderemos a precios altos y nos dividiremos las ganancias".

"'Todos los tontos tienen que aprender... ¿Pero por qué confiarías en el conocimiento de un fabricante de ladrillos sobre joyas? Acaso le consultarías a un panadero sobre las estrellas? No, tú visitarías al astrólogo si tuvieses la cortesía de pensar con sensatez. Perdiste tus ahorros, amigo mío, arrancaste tu árbol de riqueza desde la raíz. Pero planta otro e intenta de nuevo. La próxima vez que necesites un consejo sobre joyas, pídeselo al mercader de joyas. Si quieres saber la verdad sobre las ovejas, pregúntale al pastor. El consejo es algo que puedes obtener de manera gratuita, pero debes tener cuidado de seguir solo los consejos que valgan la pena. Aquel que recibe consejos financieros de parte de alguien que no tiene experiencia en esos asuntos, con sus ahorros pagará el precio de la falsedad de sus opiniones'. Tras decir esto, él se fue".

"Y fue tal como él me dijo. Los fenicios son unos estafadores que le vendieron a Azmur pedazos de vidrio que lucían como gemas. Así que tal como Algamish me había aconsejado, ahorré de nuevo una décima parte de mis ganancias. Ya yo había desarrollado este hábito, así que no fue una tarea difícil".

"Doce meses después Algamish vino al salón de los escribas y se dirigió a mí. '¿Qué progresos has hecho desde la última vez que nos vimos?'"

"Me he pagado fielmente a mí mismo, le respondí, y le he confiado mis ahorros a Agger, el fabricante de escudos para que comprara bronce. Hemos acordado en que cada cuatro meses él me pague los intereses del préstamo".

"Suena muy bien. ¿Y qué has hecho con los intereses que te ha pagado?"

"He tenido grandes festines con miel, vino fino y pastel especiado. También me he comprado una túnica escarlata y algún día planeo comprarme un asno joven para montarme sobre él".

"Algamish me escuchó y se rio. '¿Si te comes a los hijos de tus ahorros, entonces como esperas que ellos trabajen para ti? ¿Cómo pueden ellos también tener hijos que trabajen para ti? Primero encárgate de conseguir un ejército de esclavos y luego podrás procurarte todos los banquetes que desees sin remordimiento'. Después de decirme eso, se fue".

"No lo volví a ver sino hasta dos años después cuando regresó una vez más al Salón de los Registros, su cara estaba llena de surcos y sus ojos cansados debido a que la vejez lo golpeaba cada vez con mayor fuerza. Me preguntó: 'Arkad, ¿pudiste lograr la riqueza que tanto soñabas?'"

"No he logrado todavía todo lo que deseo—le respondí—, pero he logrado algunas ganancias, y las ganancias de las ganancias producen aún más".

"'¿Y todavía tomas los consejos de los fabricantes de ladrillos?'"

"'Ellos dan muy buenos consejos sobre la fabricación de ladrillos', le respondí".

"Arkad, has aprendido bien tus lecciones. Primero aprendiste a vivir con menos de lo que podías ganar. Luego aprendiste a buscar consejos de aquellas personas experimentadas y competentes para darlos. Y por último has aprendido a hacer que el oro sea tu esclavo".

"Te has enseñado a ti mismo como adquirir dinero, como mantenerlo y como usarlo. Por los tanto, eres lo suficientemente competente para encargarte de un empleo que requiere responsabilidad. Me estoy convirtiendo en un hombre viejo y mis hijos solo piensan en gastar y nunca en ganar. Tengo muchos intereses y temo que no puedo encargarme de todos. Si vas a Nippur y te encargas de mis tierras allí, te haré mi socio y participarás de las ganancias".

"Así que fui a Nippur y me encargué de sus vastos terrenos. Fui capaz de incrementar el valor de sus propiedades debido a que yo estaba lleno de ambición y había aprendido las tres leyes fundamentales para administrar riqueza. Yo prosperé mucho y cuando el espíritu de Algamish partió hacia las tierras oscuras, heredé parte de su patrimonio tal como él lo había acordado legalmente".

Cuando Arkad terminó su historia, uno de sus amigos dijo: "Tuviste mucha suerte de que Algamish te convirtiera en uno de sus herederos".

"Era afortunado solo porque yo ya tenía el deseo de prosperar antes de toparme con él por primera vez. ¿Acaso yo no probé mi resolución durante cuatro años al mantener la décima parte de todas mis ganancias? ¿Llamarías suertudo a un pescador que por años ha estudiado los hábitos de los peces y los captura sin importar el cambio en la dirección de los vientos? La oportunidad es una diosa altanera y arrogante que no pierde tiempo con aquellos que no están preparados".

"Tuviste una increíble fuerza de voluntad para seguir intentando después de que perdiste los ahorros de tu primer año. Dicho de esa forma, eres bastante inusual", otro de los visitantes dijo.

"¡Fuerza de voluntad! —replicó Arkad—. Eso es un sinsentido. ¿Acaso crees que la fuerza de voluntad le dará a un hombre la fuerza para levantar una carga que el camello no puede llevar o arrastrar una carga que los bueyes no pueden mover? La fuerza de voluntad no es más que el propósito determinado de llevar a cabo hasta el final una tarea que uno mismo se ha propuesto. Si yo me propongo una tarea, la debo realizar por más insignificante que sea. ¿De qué otra manera tendré la confianza en mí mismo para hacer cosas importantes? Si yo me dijera a mí mismo que por cien días cruzaré un puente y cada vez que lo haga tomaré una roca del camino y la arrojaré al arroyo, lo haría. Si en el séptimo día yo cruzo el puente y no recuerdo arrojar la roca, yo no pensaría en arrojar dos rocas al arroyo el día siguiente. En su lugar, yo me devolvería al puente y arrojaría la roca. Si al vigésimo día yo pensara que esa tarea es inútil y que sería mucho más cómodo arrojar un puñado de rocas una sola vez en lugar de una sola roca por día, pues seguiría con lo que me propuse y no tomaría rutas alternativas. Cuando yo me propongo una tarea, la completo. Por lo tanto, soy cuidadoso de no empezar tareas difíciles o poco prácticas porque me encanta la tranquilidad".

Y entonces otro amigo alzó la voz y dijo: "Si lo que dices es cierto, y hasta cierto punto razonable, entonces sería demasiado simple. Si todos los hombres lo hiciesen, no habría suficiente riqueza para todos".

"La riqueza crece donde sea que los hombres desplieguen su energía, Arkad respondió. ¿Si un hombre rico manda a construir un nuevo palacio, el dinero que él paga desaparece? No, el fabricante, el obrero y el artista tienen parte de él. Y todos aquellos que trabajen en el palacio tienen parte de él aún tiempo después de que la construcción de este haya concluido. ¿No vale todo lo que cuesta? ¿El terreno sobre el que este se construyó no vale más ahora? ¿El terreno que colinda con el palacio no vale más ahora gracias a este? La riqueza crece en formas mágicas y ningún hombre puede profetizar sus límites. ¿Acaso los fenicios no han construido grandes ciudades en costas desérticas con la riqueza proveniente de sus imponentes barcos mercantes?"

"¿Qué nos recomiendas entonces que hagamos para que también seamos ricos?" Preguntó otro de sus amigos. "Los años han pasado, ya no somos jóvenes y tampoco tenemos ahorros".

"Yo les aconsejo que sigan el sabio consejo de Algamish y se digan a ustedes mismos: *'Debo guardar para mí una parte de todo lo que gano'*. Díganlo en la mañana en la salida del sol. Díganlo al mediodía. Díganlo en la noche. Díganlo a cada hora del día. Dígansélo a ustedes mismos hasta que esas palabras resalten en su mente como letras de fuego escritas en el firmamento".

"Impresiónense con la idea y abracen ese pensamiento. Luego tomen cualquier porción que les parezca apropiada, pero que no sea menor a la décima parte de sus ganancias. Ahorren esa décima parte y ordenen sus otros gastos de ser necesario. En poco tiempo podrán darse cuenta de la hermosa sensación que es poseer un tesoro que solamente ustedes pueden reclamar. Mientras este tesoro crece, los estimulará y brindará alegrías y emociones a sus vidas. Porque mientras más se incrementen las ganancias, mayor será la porción que ahorren".

"Entonces aprendan a hacer que su tesoro trabaje para ustedes. Conviértanlo en su esclavo. Hagan que sus ganancias, y los rendimientos de sus ganancias trabajen por ustedes".

"Aseguren un ingreso para su futuro. Observen bien a los ancianos y no olviden que en años venideros ustedes también serán clasificados como tales. Por lo tanto, inviertan su tesoro cautelosamente para no perderlo. Las tasas de rentabilidad muy altas son sirenas engañosas que cantan con el objetivo de atraer a los incautos a las rocas de la pérdida y el remordimiento".

"Procuren que sus familias no pasen necesidades y no vean como salvación el momento en el que los Dioses las llamen a sus reinos. Para protegerlas siempre es posible tomar medidas y hacer pequeños pagos en intervalos regulares. Por ende, el hombre precavido no se retrasa esperando que una suma de dinero más grande aparezca para cumplir con tan noble y sabio propósito".

"Solo tomen consejos de hombres sabios. Busquen el asesoramiento de hombres cuya vida diaria se basa en el manejo de dinero. Hagan que ellos los salven de cometer errores como el que yo hice confiando mi dinero en el juicio de Azmur, el fabricante de ladrillos. Una remuneración pequeña y segura es mucho más deseable que las que involucran alto riego".

"Disfruten la vida mientras puedan. No se fatiguen en exceso ni intenten ahorrar demasiado. Si una décima parte de sus ingresos es lo máximo que pueden ahorrar para satisfacer sus otras necesidades, entonces confórmense con mantener ese porcentaje. Vivan de acuerdo sus ingresos y no se conviertan en personas tacañas con temor al gasto. La vida es buena y enriquecedora con cosas que valen la pena y de las que podemos disfrutar".

Sus amigos le agradecieron y se fueron. Algunos estaban callados porque carecían de imaginación y eran cortos de entendimiento. Algunos eran sarcásticos porque pensaban que alguien tan rico debería compartir su dinero con viejos amigos no tan afortunados. Pero un último grupo tenía un nuevo brillo en sus ojos. Ellos se dieron cuenta de que Algamish regresaba cada vez al salón de los escribas porque estaba observando a un hombre rechazar la oscuridad y abrirse paso hacia la luz. Cuando ese hombre halló la luz, un nuevo lugar esperaba por él. Nadie podría haber ocupado ese lugar sin haber trabajado primero en su propio entendimiento y comprensión. Una vez lo lograse, estaría listo para aprovechar la oportunidad.

Estos últimos fueron aquellos que en los años siguientes continuaron visitando a Arkad, quien los recibía alegremente. Tal como lo hacen los hombres de amplia experiencia, él los aconsejaba y compartía su sabiduría libremente. También los asesoró en invertir sus ahorros de manera inteligente para que estos le produjeran buenos intereses y no se perdieran en emprendimientos que no pagaran dividendos.

EL PUNTO DE INFLEXIÓN en la vida de estas personas ocurrió ese mismo día en el momento en el que asimilaron la verdad de las palabras que fueron transmitidas primero por Algamish a Arkad, y luego por Arkad a ellos.

DEBES GUARDAR PARA TI UNA PARTE DE TODO LO QUE GANAS

PROCLAMACIÓN REAL

Pueblo de Babilonia, presten atención. Es orden de su Rey
QUE TODOS LOS HOMBRES PUEDAN TENER RIQUEZAS.

Babilonia, nuestra amada ciudad, es la ciudad más rica de todo el mundo. Esta posee oro y riquezas inimaginables.

Debido a que algunos de nuestros dignos ciudadanos conocen las leyes de la riqueza, ellos se han vuelto inmensamente ricos. Debido a que algunos de nuestros ciudadanos no conocen las leyes de la riqueza, ellos permanecen pobres.

Por lo tanto, para que todos mis fieles súbditos puedan aprender las leyes de la riqueza y sean capaz de adquirir oro, he dado la orden de la que la sabiduría de los ricos sea trasmitida a todo mi pueblo.

Sepan que yo, su Rey, he apartado siete días para que los dediquen al estudio de las leyes de la riqueza. En el decimoséptimo día de la primera luna, ordeno a todos mis leales súbditos a que busquen a los maestros que he nombrado en cada parte de la ciudad, para que así las ricos tesoros de la gran Babilonia puedan compartirse justamente entre cada uno de ustedes.

Pueblo de Babilonia, acatad la orden de su Rey.

SARGON
REY DE BABILONIA

LAS SIETE MANERAS DE LLENAR UNA BOLSA VACÍA

La gloria de Babilonia perdura. A través de los años su reputación como la más rica de las ciudades y hogar de los tesoros más fabulosos permanece.

Sin embargo, ese no siempre fue el caso. Las riquezas de Babilonia nacen como el fruto de la sabiduría de su gente. Ellos tuvieron que aprender primero como volverse ricos.

Cuando el Buen Rey SARGON regresó a Babilonia tras derrotar a sus enemigos, los elamitas, él tuvo que afrontar una dura situación. El Canciller Real le explicó al Rey lo siguiente:

"Tras muchos años de gran prosperidad y dicha para nuestro pueblo como consecuencia de las grandes canales de irrigación y los increíbles templos para los Dioses que usted ordenó construir, el pueblo parece incapaz de subsistir por su cuenta después de que esas obras se terminaran".

"Los trabajadores están desempleados, los mercaderes tienen pocos clientes y los granjeros son incapaces de vender sus cosechas. El pueblo no tiene suficiente oro para comprar comida".

"¿Pero dónde está todo el oro que gasté para llevar a cabo todas esas grandes mejoras?" Preguntó el Rey.

"Temo que terminó en el bolsillo de unos pocos hombres ricos de nuestra ciudad", respondió el Canciller. Se filtró a través de los dedos de la mayoría de nuestro pueblo tan rápidamente como la leche de cabra lo haría a través de un colador. Ahora que el flujo de oro se ha detenido, la mayoría de nuestro pueblo carece de ingresos".

El Rey se quedó pensativo por un momento y luego preguntó: "¿Por qué tan pocos hombres fueron capaces de obtener todo el oro?"

"Porque ellos saben cómo", respondió el Canciller. "Uno no puede condenar a un hombre por conocer como alcanzar el éxito. Ni tampoco podemos quitarle el oro a un hombre que lo obtuvo justamente para dárselo a otros individuos menos capaces".

El Rey preguntó: "¿Pero no deberían todas las personas aprender a como acumular oro y por ende tener la capacidad de alcanzar riqueza y prosperidad?"

"Es posible, su excelencia. ¿Pero quién les enseñaría? Dudo mucho que los sacerdotes puedan, ellos no conocen las artes de producir dinero".

"¿Quién es la persona de nuestra ciudad que más sabe sobre cómo obtener riquezas, Canciller?" Preguntó el Rey.

"Su pregunta se responde a sí misma, Su Majestad. ¿Quién ha amasado la fortuna más grande en Babilonia?"

"Bien dicho, mi muy sagaz Canciller. Esa persona es Arkad, el hombre más rico de Babilonia. Tráiganlo ante mí el día de mañana".

Al día siguiente tal como el Rey lo había decretado, Arkad apareció ante él, erguido y vivaz a pesar de su avanzada edad.

"Arkad", el Rey habló, "¿es cierto lo que se oye en las calles? ¿Eres el hombre más rico de Babilonia?"

"Así lo dice la gente, Su Majestad, y no hay nadie que lo discuta".

"¿Cómo te volviste tan rico?"

"Aprovechando las oportunidades disponibles a todos los ciudadanos de nuestra gran ciudad".

"¿No tuviste nada con lo cual empezar?"

"Nada, Su Alteza, solo un gran deseo de alcanzar riqueza".

"Arkad—continuó el Rey—nuestra ciudad es muy infeliz porque solo unos cuantos hombres saben cómo adquirir y monopolizar riqueza, mientras que la gran mayoría de nuestros ciudadanos ni siquiera saben cómo mantener el oro que reciben".

"Mi deseo es que Babilonia sea la ciudad más rica en el mundo. Para que ello ocurra, esta ciudad debe estar plagada de hombres adinerados. Por lo tanto, debemos enseñarle a todo el pueblo a adquirir riquezas. Dime, Arkad, ¿existe algún secreto que pueda enseñarse para dicho fin?"

"Es algo práctico, Su Majestad. Lo que un hombre sabe puede transmitirse a los demás".

Los ojos del Rey brillaron. "Arkad, tus palabras son música para mis oídos. ¿Colaborarías para esta causa? ¿Prestarías tu conocimiento a una escuela para profesores en la que puedan enseñarse mutuamente hasta que estén lo suficientemente capacitados para transmitir estas verdades a cada súbdito de mis dominios?"

Arkad hizo una reverencia ante el Rey y dijo: "Soy su humilde servidor, por la gloria de mi Rey compartiré alegremente cualquier conocimiento que posea si en esto contribuyo a la mejora de mis semejantes. Que el Canciller me organice una clase de cien alumnos y les enseñaré las siete manera mediante las cuales engordé mis bolsas con oro, bolsas que en un momento fueron las más vacías de toda Babilonia".

Quince días después, la centena de hombres escogidos se reunieron en el gran salón del Templo del Aprendizaje, todos ellos sentados en vistosos anillos formando un semicírculo. Arkad se sentó al lado de un pequeño taburete en el que se encontraba una lámpara sagrada cuyo humo emitía un extraño y placentero olor.

"Contempla al hombre más rico de Babilonia, él es un hombre común como el resto de nosotros", le susurró un estudiante a otro mientras Arkad se levantaba.

"Como un diligente súbdito de nuestro gran Rey, me encuentro a su servicio aquí ante ustedes. Porque yo una vez fui un pobre joven que deseaba oro en abundancia, y debido a que pude encontrar el conocimiento para adquirirlo, es mi deber compartirlo".

"Mi fortuna inició muy humildemente. No tuve más ventajas que las que ustedes y cada ciudadano de Babilonia ahora tienen".

"El primer almacén de mi tesoro fue una bolsa bastante desgastada. Yo odiaba el hecho de que se la pasara vacía, deseando en su lugar que estuviese repleta de sonoras monedas de oro. Así que me dediqué a buscar el remedio para salir de la pobreza. Encontré siete".

"Permítanme enseñarles a todos ustedes las 'Siete Maneras de Llenar una Bolsa Vacía', se las recomiendo a todos los hombres que por sobre todo anhelan tener oro. A todos ustedes que ante mi hoy se reúnen, cada día les explicaré una de las Siete Maneras, así que en una semana ya las habré cubierto todas".

"Escuchen con atención al conocimiento que empezaré a impartir. Debátanlo conmigo y discútanlo entre todos ustedes. Analicen bien estas lecciones para que así puedan plantar en sus propios bolsas las semillas de la riqueza. En primer lugar cada uno de ustedes debe empezar sabiamente a construir una fortuna por cuenta propia. Solo así ustedes serán lo suficientemente competentes para enseñar estas verdades al prójimo".

"Les enseñaré maneras sencillas de llenar sus bolsas. Este es el primer escalón para ascender al Templo de la Riqueza, y ningún hombre puede llegar a él sin plantar sus pies firmemente sobre él".

"Empecemos considerando la primera de las *Siete Maneras*".

LA PRIMERA MANERA
Empieza a abultar tu bolsa

Arkad se dirigió a un hombre de carácter pensativo que se sentaba en la segunda fila. "Mi buen amigo, ¿en qué trabajas?"

"Yo soy un escriba y esculpo registros en tabletas de arcilla", respondió el hombre.

"Yo hacía el mismo trabajo para ganar mis primeras monedas de cobre. Por ende, tienes la misma oportunidad de construir fortuna que la que tuve".

Le habló a un hombre de cara colorada ubicado al fondo. "¿Puedes decirme qué haces para ganarte el pan diario?"

"Yo soy un carnicero", respondió el hombre. "Compro las cabras que los granjeros crían y las mato para vender la carne a las amas de casa y el cuero a los fabricantes de sandalias".

"Debido a que trabajas de manera laboriosa y honestamente, tienes las mismas oportunidades de tener éxito que las que yo tuve".

De esta manera, Arkad procedió a averiguar lo que cada uno de sus estudiantes hacía para ganarse la vida. Cuando terminó de preguntar, él dijo:

"Estudiantes míos, pueden ver que hay muchos trabajos y empleos en los que un hombre puede ganarse unas monedas. Cada una de las formas de ganar dinero no es más que una corriente de oro de la cual cada trabajador desvía una porción a su bolsa mediante su propio trabajo. Por ende, en la bolsa de cada uno de ustedes fluye una corriente larga o pequeña de acuerdo con sus propias capacidades. ¿No es así?"

En ese momento todos estuvieron de acuerdo con él.

"Entonces", continuó Arkad, "si cada uno de ustedes deseara construir para sí una fortuna, ¿no sería sabio comenzar utilizando la fuente de riqueza que ya está establecida?"

Todos ellos estuvieron de acuerdo.

Entonces Arkad se dirigió a un hombre humilde que había dicho ser mercader de huevos. "Si tú seleccionas uno de los cestos y pones en él diez huevos cada mañana y sacas nueve durante las noches, ¿qué ocurrirá?"

"Con el paso del tiempo se desbordará".

"¿Por qué motivo?"

"Porque cada día pongo un huevo más de los que quito".

Arkad se dirigió a la clase con una sonrisa. "¿Alguno de los que aquí están tienen una bolsa vacía?"

Al principio ellos se miraron confundidos, luego estallaron en risas. Por último, ondeaban sus bolsas en modo de broma.

"Muy bien", él continuó, "ahora les enseñaré el primer remedio o manera que aprendí para llenar mis bolsas. Hagan exactamente lo que le sugerí al mercader de huevos. *Por cada diez monedas que introduzcan en sus bolsas, solo utilicen nueve. Sus bolsas empezará a engordar y su creciente peso se sentirá bien en sus manos y les brindará satisfacción a sus almas".*

"No hagan mofa de lo que dije debido a su sencillez, porque la verdad es siempre simple. Les dije que les diría como construí mi riqueza. Este fue mi comienzo. Como ustedes, yo también portaba una bolsa vacía y solía maldecirla porque esta no contenía nada para satisfacer mis deseos. Pero cuando empecé a sacar de ella solo nueve de cada diez partes que le introducía, esta empezó a engordar. Así lo harán las suyas".

"Ahora les diré una extraña verdad, cuyo razón desconozco en su totalidad. Cuando dejé de sacar más de nueve décimos de mis ingresos, me las ingenié para lidiar con mis gastos tal como lo hacía cuando sacaba todo. De igual manera, las monedas venían a mí con mayor facilidad. Debe ser una ley de los Dioses en la que se establece que el oro aparecerá en aquellos que ahorran y no gastan todos sus ingresos. Por otra parte y siguiendo esta misma ley, el oro evitará a aquellos cuyas bolsas estén vacías".

"¿Qué es lo que más desean ustedes? ¿Acaso desean la gratificación de deseos cotidianos que nos brinda la compra de joyas, artículos finos, mejores túnicas y más comida? ¿O acaso desean pertenencias sustanciales tales como oro, tierras, ganado, mercancía e inversiones rentables? Las monedas que sacas de la bolsa te darán lo primero. Las monedas que dejes en ella te darán lo segundo.

"Mis estudiantes, esta fue la Primera Manera que descubrí para llenar mi bolsa vacía. *'Por cada diez monedas que introduzca, solo debo gastar nueve'.* Debatan esto entre ustedes mismos. Si alguno de ustedes prueba lo contrario, lo discutiremos el día de mañana en nuestra próxima clase".

LA SEGUNDA MANERA
Controla tus gastos

"Varios de entre ustedes me han preguntado esto: '¿Cómo puede un hombre guardar la décima parte de sus ingresos en su bolsa cuando todas las monedas que gana no son suficientes para satisfacer sus gastos necesarios?'" Arkad se dirigió así a sus estudiantes en el segundo día.

"¿Cuántos de ustedes portaban bolsas vacías el día de ayer?"

"Todos nosotros", respondió la clase al unísono.

"Y sin embargo, no todos ustedes ganan lo mismo. Algunos ganan mucho más que otros y algunos tienen que sostener familias más grandes. A pesar de todo ello, todas las bolsas estaban igual de vacías. Ahora les diré una verdad inusual sobre los hombres y los hijos de los hombres. Lo que cada uno de nosotros llama 'gastos necesarios' siempre crecerá hasta igualar nuestros ingresos a menos que protestemos para evitarlo".

"No confundan los gastos necesarios con sus deseos. Cada uno de ustedes, junto a sus familias, tienen más deseos de los que sus ingresos pueden gratificar. Ustedes hacen uso de sus ingresos para satisfacer esos deseos hasta donde les sea posible, y a pesar de todo, muchos deseos permanecen insatisfechos".

"Todos los hombres tienen más deseos de los sus ingresos pueden gratificar. ¿Acaso ustedes creen que debido a mi fortuna yo puedo gratificar cada uno de mis deseos? Esa es una idea errónea. Mi tiempo tiene límites, mi fuerza tiene límites, la distancia que puedo viajar tiene límites, lo que puedo comer tiene límites y el placer con el que puedo disfrutar tiene límites".

"Les digo a ustedes que así como la maleza crece descontroladamente donde se permite que sus raíces se desarrollen, también lo hacen los deseos cuando surge la más mínima posibilidad de que sean gratificados. *Sus deseos son una multitud y aquellos que puedes gratificar solo son un puñado".*

"Estudien a fondo sus hábitos de vida. Al hacerlo pueden encontrar ciertos gastos que pudiesen ser reducidos o eliminados. Que su eslogan sea el obtener el máximo beneficio de cada moneda que gasten".

"Escriban en una tablilla de arcilla cada cosa en la que deseen gastar. Seleccionen aquellas que sean necesarias y otras que sean posibles a través del consumo de nueve décimas partes de sus ingresos. Tachen el resto sin remordimientos y considérenlas parte de esa gran multitud de deseos que no pueden ser satisfechos".

"Presupuesten entonces sus gastos necesarios y no toquen esa décima parte destinada a engordar sus bolsas. Véanlo como pasos necesarios para una gran meta que está en proceso de cumplirse. Manténganse trabajando con su presupuesto y ajústenlo cuando sea necesario. Hagan que el mismo sea su principal asistente para generar riqueza".

En ese momento, un estudiante que vestía una túnica roja y dorada se levantó y dijo: "Soy un hombre libre y creo que es mi derecho disfrutar las cosas buenas de la vida. Por eso yo me rebelo contra la esclavitud de un presupuesto que determina cuanto y en que yo puedo gastar mis ingresos. Le quita placeres a mi vida y me hace sentir como un asno que debe llevar una pesada carga".

"¿Quién, amigo mío, determinaría tu presupuesto?", Arkad le respondió.

"Yo lo haría", respondió el que protestaba.

"En el caso de que un asno fuese a elegir su carga... ¿Acaso incluiría en la misma joyas, alfombras y barras pesadas de oro? No lo creo. Él incluiría paja, granos y agua para sobrevivir al camino del desierto".

"El propósito de un presupuesto de un propósito es ayudar a que nuestras bolsas engorden. Él te asiste en el cumplimiento de tus necesidades esenciales, así como de otros deseos en la medida de lo posible. Él te permite darte cuenta de tus metas más anheladas al defenderlas de los deseos casuales El presupuesto nos muestra en que desperdiciamos nuestro dinero y nos permite tomar acciones para evitarlo de la misma manera en que una antorcha nos hace ver las filtraciones en una oscura caverna, todo con el objeto de controlar los gastos y redirigirlos a propósitos más gratificantes".

"Esta es entonces, la Segunda Manera para llenar una bolsa vacía. *Presupuesta tus gastos para que así puedas tener monedas para pagar tus necesidades, pagar por disfrute y gratificar tus deseos sin gastar más de nueve décimas partes de tus ingresos".*

LA TERCERA MANERA
Haz que tu oro se multiplique

"Una vez que sus bolsas hayan empezado a engordar, ustedes ya cuentan con la disciplina necesaria para dejar una décima parte de todas sus ganancias y han controlado todos los gastos para proteger su creciente tesoro. A continuación consideraremos poner ese tesoro a trabajar y a incrementarse. El tener oro en nuestras bolsas es gratificante pero no produce nada por sí solo. El oro que retengamos de nuestros ingresos no es nada más que el comienzo, pero los ingresos que este produzca construirá nuestras fortunas". Así comentó Arkad a sus alumnos en el tercer día de clases.

"¿Cómo entonces ponemos nuestro dinero a trabajar? Mi primera inversión fue desafortunada porque lo perdí todo. Contaré esa historia luego. Mi primera inversión rentable fue un préstamo que le hice a un hombre llamado Aggar, un fabricante de escudos. Una vez al año él compraba grandes cargamentos de bronce traídos por vía marítima. Al faltarle suficiente capital para pagarle a los mercaderes, él tomaba prestado dinero. Él era un hombre honorable y pagaba de vuelta los préstamos con intereses al vender sus escudos".

"Cada vez que yo le prestaba dinero a él, en realidad le estaba prestando los intereses que él me había pagado. Por lo tanto, no solo mi capital se incrementó, sino que su rendimiento se incrementó también. Lo más gratificante de todo era ver como esas sumas de dinero retornaban a mis bolsas".

"Estudiantes, permítanme decirles que la riqueza de un hombre no yace en las monedas que este lleva en su bolsa; esta yace en los ingresos que este construye, en la corriente de oro que fluye continuamente hasta su bolsa y la hace engordar constantemente. Eso es lo que todo hombre desea. Esto es lo que cada uno de ustedes desean, un ingreso que se mantenga fluyendo sin importar si viajen o trabajen".

"Yo he logrado un gran ingreso, tanto así que se me considera un hombre muy rico. Mis préstamos a Aggar fueron mi primer aprendizaje en lo que respecta a inversiones rentables. Tras ganar sabiduría en esta experiencia, yo aumenté mis prestamos e inversiones mientras mi capital crecía. Al principio tenía pocas fuentes de ingreso, luego estas empezaron a aumentar. Y gracias e ellas una corriente de oro fluía constantemente a mi bolsa, disponible para el uso que yo decidiera darle".

"Vean como yo a partir de mis ingresos humildes he podido conseguir una gran cantidad de esclavos dorados, cuyo trabajo produce más oro. Ellos han trabajado para mí, también lo han hecho sus hijos y los hijos de sus hijos, ayudándome a amasar una gran fortuna con sus esfuerzos combinados".

"El oro se incrementa rápidamente cuando se producen ganancias razonables, tal como podrán ver en la siguiente historia: Al nacer si hijo, un granjero tomó diez piezas de plata a un prestamista y le pidió que las prestase hasta que su hijo tuviera veinte años de edad. El prestamista hizo lo solicitado y acordó en que el interés fuese de una cuarta parte de su valor cada cuatro años. El granjero pidió que los intereses se añadieran al capital, porque él ya había reservado ese dinero para su hijo".

"Cuando el chico alcanzó los veinte años de edad, él granjero acudió al prestamista para preguntarle sobre la plata. El prestamista explico que debido a que esa suma se había incrementado mediante intereses compuestos, las diez piezas originales de plata ahora se habían convertido en treinta piezas y media".

"El granjero estaba alegre y debido a que el hijo no necesitaba las monedas, él las dejó con el prestamista. Cuando el hijo alcanzó la edad de cincuenta años, el padre ya había muerto tiempo atrás, el prestamista le pagó al hijo la cantidad de ciento sesenta y siete piezas de plata".

"Es así como en cincuenta años la inversión se multiplico a sí misma casi diecisiete veces debido a los intereses".

Esta es entonces la Tercera Manera de llenar una bolsa vacía: *Pon cada moneda a trabajar para que esta se reproduzca como los rebaños en las praderas; y así colabore con tus ingresos en la forma de una corriente de riqueza que fluirá y aumentará constantemente tu fortuna".*

LA CUARTA MANERA
Evita que tus tesoros se pierdan

Lo que brilla atrae al infortunio. El oro en la bolsa de un hombre debe cuidarse con firmeza o de lo contrario se perderá. Por lo tanto es sabio aprender a proteger pequeñas sumas antes de que los Dioses nos confíen más. Así comentó Arkad a sus alumnos en el cuarto día de clases.

"Todo propietario de oro se siente tentado por oportunidades en las cuales podría ganar grandes sumas al invertir en posibles proyectos. Es común que amigos y familiares que participen en esos proyectos nos animen a seguirlos".

"El primer principio de una inversión segura nos dice que debemos cuidar nuestro capital. ¿Acaso vale la pena estar intrigados por posibles grandes ganancias cuando todo nuestro capital está en riesgo? Yo digo que no. Podríamos perder todo nuestro dinero como castigo por intentar arriesgarnos. Estudien cuidadosamente, antes de desprenderse de su tesoro, las garantías que tienen de poder recuperarlo. Así que les pido que no se dejen llevar por esos deseos románticos de enriquecerse con rapidez".

"Antes de que ustedes presten su capital a una persona, asegúrense de que ese individuo goza de buena reputación y puede pagarles de vuelta. Así pueden estar seguros de que no le están regalando el tesoro que tanto les costó obtener".

"Antes de que utilice su capital en cualquier inversión o emprendimiento, conozcan bien los peligros a los cuales están expuestos".

"Mi primera inversión fue toda una calamidad. Le confié todos mis ahorros de un año a un fabricante de ladrillos llamado Azmur, el cual viajaba hacia mares lejanos y en Tiro acordó en comprarme joyería fenicia. Nosotros las venderíamos a su regreso y dividiríamos las ganancias. Los fenicios fueron unos canallas y le vendieron piezas de vidrio. Perdí todo mi tesoro. Hoy en día, toda mi sabiduría me hace saber lo tonto que fui por confiar todo mi dinero en un fabricante de ladrillos para que me comprara joyas".

"Por lo tanto, en base a mi experiencia les aconsejo que no confíen mucho en su propio juicio en lo que respecta a invertir sus tesoros en posibles emprendimientos. Es mucho mejor consultar a aquellos con sabiduría en el manejo y producción de dinero. Estos consejos se dan gratuitamente a todo aquel que los pida y pueden ser igual de valiosos a la suma que consideras invertir. A decir verdad, su valor real se basa en el hecho de que evita que pierdas tu tesoro en aventuras imprudentes".

"Esta es entonces la Cuarta Manera de llenar una bolsa vacía, y es de gran importancia porque evita que tu bolsa se vacíe una vez que ha sido bien llenada. *Evita perder tu tesoro al invertir solo donde tu capital esté a salvo, donde puedas reclamarlo de ser necesario y donde puedas cobrar intereses justos. Toma consejos solo de hombres sabios y de aquellos con probada experiencia en el manejo del oro. Que su sabiduría proteja tu tesoro de inversiones inseguras e imprudentes".*

LA QUINTA MANERA
Haz de tu morada una inversión rentable

"Si un hombre aparta el noventa por ciento de sus ingresos para vivir y disfrutar, y puede transformar parte de esos ingresos en una inversión rentable sin afectar su bienestar, entonces sus tesoros crecerán con mayor rapidez". Así comentó Arkad a sus alumnos en el quinto día de clases.

"Muchos de nuestros hombres en Babilonia mantienen a sus familias en ambientes indecorosos. Ellos les pagan a estrictos arrendadores altas rentas por habitaciones en donde no hay lugar para que las flores que alegran el corazón de una mujer crezcan, ni tampoco hay espacio para que sus niños jueguen".

"Ninguna familia puede disfrutar de la vida a menos que tengan un terreno en donde sus niños puedan jugar y en donde la esposa pueda no solo cultivar flores, sino también toda clase de vegetales para alimentar a su familia".

"El corazón de un hombre se alegra al comer los higos de sus propias higueras y las uvas de su propia vid. Brinda más confianza a nuestro corazón y nos invita a poner más esfuerzo en todos nuestros emprendimientos el tener una vivienda propia y un lugar del que nos sintamos orgullosos de cuidar. Por lo tanto, recomiendo que todo hombre sea dueño del techo que le brinda abrigo a él y a los suyos".

"El tener una casa propia no es imposible para cualquier hombre de buenas intenciones. ¿Acaso nuestro gran Rey no ha extendido en gran medida los muros de Babilonia para que dentro de ella se puedan comprar terrenos a precios razonables?"

"También les digo a ustedes, mis estudiantes, que los prestamistas alegremente consideran los deseos de los hombres que buscan viviendas y tierras para sus familias. Podrán tomar dinero prestado con facilidad para pagarle al fabricante de ladrillos y al constructor siempre y cuando muestren una porción razonable del dinero que han ahorrado para tan noble propósito".

"Luego, cuando la casa esté construida pueden pagarle al prestamista con la misma regularidad con la que le pagaban al arrendador. Porque con cada pago que hagan se reducirá la deuda que con el prestamista contrajeron en unos pocos años".

"Así sus corazones estarán alegres porque poseerán por derecho propio una valiosa propiedad y el único costo que deberán afrontar será el pago de los impuestos del Rey".

"También sus esposas irán al río con mayor frecuencia a lavar sus ropas, y de este podrían retornar con un pellejo de agua para nutrir las cosas que cultiven".

"Así es como el hombre que posee su propia casa recibe bendiciones. Y su costo de vida se reducirá en gran medida, por lo que podrá usar una mayor parte de sus ingresos para la gratificación de sus deseos. Esta es entonces, la Quinta Manera de llenar una bolsa vacía: *Sé dueño de tu propia casa".*

LA SEXTA MANERA
Asegura un ingreso a futuro

"La vida de un hombre transcurre desde la infancia hasta su vejez. Este es el camino de la vida y ningún hombre puede desviarse del mismo a menos que los Dioses lo llamen prematuramente al más allá". Por lo tanto pienso que *es beneficioso para un hombre prepararse para tener un ingreso apropiado para los días en que la juventud lo haya abandonado, así como hacer preparativos para brindarle comodidad y sostener a su familia en los momentos en los que él ya no este"*. Esta lección les enseñará a tener una bolsa llena para cuando el paso del tiempo y la vejez les dificulte el aprendizaje". Así comentó Arkad a sus alumnos en el sexto día de clases.

"El hombre que debido a su entendimiento de las leyes de la riqueza haya adquirido unos crecientes ingresos, debería pensar en sus días futuros. Él debería planificar ciertas inversiones o provisiones que puedan mantenerse con seguridad por varios años y que estén disponibles cuando el tiempo y las necesidades tan sabiamente anticipadas así lo requieran".

"Hay maneras diversas mediante las cuales un hombre puede salvaguardar su futuro. Él puede buscar un escondite y enterrar allí un tesoro secreto. No obstante, no importa con cuanto esmero lo esconda, de todos modos puede convertirse en el botín de una banda de ladrones. Por esta razón yo no recomiendo este plan".

"Un hombre puede comprar casas o tierras para cumplir este propósito. Si escoge con sabiduría tomando en cuenta su utilidad y valor en el futuro, podrá contar con propiedades cuyo valor no decaerá y que podrá explotar o vender con éxito".

"Un hombre puede prestar una pequeña suma de dinero al prestamista e incrementarla en periodos regulares. Los intereses producto del préstamo contribuirán en su incremento. Conozco a un fabricante de sandalias llamado Ansan que me explicó, no hace mucho tiempo atrás, que cada semana durante ocho años él depositó dos piezas de plata con su prestamista. El prestamista hace poco le había dado una relación de su estado de cuenta que le produjo gran alegría. El total de sus pequeños depósitos a un interés de un cuarto de su valor cada cuatro años, se había convertido ahora en mil cuarenta piezas de plata".

"Alegremente lo incentivé a seguir actuando de la misma manera al demostrarle con mi conocimiento numérico que si en doce años más él hubiese mantenido sus depósitos regulares de dos piezas de plata por semana, el prestamista le terminaría debiendo cuatro mil piezas de plata, una cantidad suficiente para el resto de su vida".

"Por supuesto, cuando un pago tan pequeño hecho regularmente produce resultados tan rentables, *no hay excusa para que un hombre no asegure un tesoro para su vejez, así ni la protección de su familia, no importa que tan prósperos sus negocios e inversiones sean"*.

"Quisiera poder decir algo más al respecto. En mi mente yace la creencia de que algún día hombres sabios idearán un plan para asegurarse contra la muerte mediante la cual se pague una suma insignificante de dinero de manera regular, y el acumulado se convierta en una gran suma de dinero para la familia de los fallecidos. Yo veo esto como algo deseable y lo recomiendo ampliamente. Hoy en día eso no es posible porque para que funcione, este plan debe extenderse más allá de la vida de un hombre o de una asociación y debe ser tan estable como el trono del Rey. Siento que algún día un plan así se hará realidad y será una bendición para muchos hombres, porque incluso el primer pequeño pago que hagan harán que sus familias tengan a su disposición una fortuna en el caso de que ellos fallezcan".

"Pero ya que vivimos en el hoy y no en los días venideros, tenemos que aprovechar al máximo los medios que tenemos para cumplir nuestros propósitos. Por ende, les recomiendo a todos los hombres que usen métodos sabios y bien pensados que les permitan disfrutar de bolsas llenas en su vejez. Porque el que un hombre carezca de dinero a una edad en la que ya no puede trabajar, es una desgracia para él y para su familia".

"Esta es entonces, la Sexta Manera de llenar una bolsa vacía: *"Prepárate por adelantado para cubrir las necesidades que vendrán con la vejez y brindar protección a tu familia"*.

LA SÉPTIMA MANERA
Incrementa tu habilidad para ganar dinero

"Este día les hablaré a ustedes, mis estudiantes, de una de las maneras más vitales de llenar sus bolsas. No voy a hablar de oro, sino de ustedes mismos, de los hombres que visten ropas de vistosos colores que se sientan ante mí. Les hablaré de esas cosas que residen dentro de nuestras mentes y que trabajan en pro o en contra de nuestro éxito". Así comentó Arkad a sus alumnos en el séptimo día de clases.

"No hace mucho tiempo atrás un joven se me acercó buscando un préstamo. Cuando le pregunté sobre el motivo de su necesidad, él se preocupaba de que sus ingresos no eran los suficientes para pagar sus egresos. A continuación le expliqué que si ese era el caso, entonces él era la clase de cliente que ningún prestamista quiere, uno que no poseía ingresos ni excedentes para pagar el préstamo".

"Lo que necesitas jovencito", le dije, "es ganar más dinero. ¿Qué haces tú para incrementar tu capacidad de ingresos?"

"'Todo lo que puedo hacer', me respondió, 'le he pedido a mi maestro que me incremente la paga seis veces en las últimas dos lunas, pero me ha ignorado. Nadie podría ser más insistente que yo'".

"Nosotros podemos reírnos de su simpleza, pero él poseía uno de los requisitos vitales para incrementar sus ingresos. Él tenía dentro de sí un enorme deseo por ganar más, un deseo apropiado y loable".

"*El deseo debe preceder a los logros. Sus deseos deben ser fuertes y absolutos.* Los deseos generales son vagos y débiles. Hay poco propósito en el hecho de que un hombre desee riqueza, pero si un hombre desea cinco piezas de oro entonces puede enfocarse en obtenerlo al ser un deseo tangible. Una vez que haya asegurado las cinco piezas de oro gracias su fuerza, propósito y determinación, entonces el podrá encontrar formas similares de obtener diez piezas, luego veinte, luego mil y así sucesivamente hasta conseguir riqueza. En el aprendizaje obtenido para asegurar sus deseos pequeños, él se ha entrenado a sí mismo para aspirar a deseos más grandes. Este es el proceso mediante el cual se acumula riqueza; primero en pequeñas sumas, y luego en cantidades más grandes a medida que un hombre aprende y se vuelve más capaz".

"Los deseos deben ser simples y definidos. Si son muchos, confusos o más allá del alcance de un hombre, estos terminan derrotando a su propio propósito".

"A medida que un hombre se perfecciona a sí mismo en su vocación, también lo hace su habilidad para incrementar sus ganancias. Cuando yo no era más que un humilde escriba que trabajaba sobre tabletas de arcilla por unas pocas monedas de cobre, observaba las cosas que los demás trabajadores hacían para que les pagaran más. Así que en ese momento decidí aprender más y más para que nadie me superara. No me tomó mucho tiempo descubrir la razón para que los demás trabajadores tenían mayor éxito. Con un mayor interés en mi trabajo, una mayor concentración en mis tareas y una mayor persistencia en mis esfuerzos pude lograr que muy pocos hombres pudieran esculpir más tabletas que yo. Prontamente mis habilidades mejoradas fueron recompensadas y no hubo necesidad de que le insistiera a mi maestro seis veces para que reconociera mis talentos".

"Mientras más conocimiento tengamos, más ingresos podemos tener. El hombre que busque aprender más de su arte será ricamente recompensado. Si es un artesano, él puede tratar de aprender los métodos y las herramientas que los más habilidosos de su campo tienen. Si él ha laborado en el campo de las leyes o de la salud, podría consultar e intercambiar conocimientos con otros que compartan su vocación. Si él es un mercader, puede entonces buscar mejores bienes que puedan comprarse a precios bajos".

"Los intereses de un hombre siempre cambian y mejoran porque las mentes aplicadas buscan mejores habilidades que puedan servir mejor a aquellas personas de las cuales dependen económicamente. Por lo tanto, les insto a todos los hombres a que se siempre se encuentren a la vanguardia del progreso y nunca se queden quietos, porque de lo contrario se rezagarán".

"Muchas cosas y experiencias enriquecen la vida de un hombre. Él debe hacer cosas como las siguientes si se respeta a sí mismo:"

"Él debe pagar sus deudas con prontitud y no comprar aquello que no puede pagar".

"Él debe cuidar de su familia para que puedan pensar y hablar bien de él".

"Él debe redactar un testamento para que, en el caso de que los Dioses lo llamen, la división de sus bienes sea hecha de una manera apropiada y honorable".

"Él debe tener compasión por aquellos que son aquejados por el infortunio y ayudarles dentro de los límites razonables. También debe ser considerado con sus seres queridos".

"Así que la séptima y última manera para llenar una bolsa vacía es la siguiente: *Cultiva tus propios poderes para estudiar, cosechar sabiduría y obtener más habilidades. Para lograr ese fin actúa respetándote a ti mismo.* Por lo tanto, deben tener confianza en ustedes mismos para conseguir lo que tanto desean".

"Esas son entonces las Siete Maneras de Llenar una Bolsa Vacía, les insto a todos los hombres que deseen riqueza que las sigan al pie de la letra. Esta recomendación nace como fruto de la experiencia de una larga y exitosa vida".

"Hay MAS ORO en Babilonia de lo que ustedes pueden imaginar, mis estudiantes. Hay abundancia para todos".

"Vayan y pongan en práctica estas verdades para que así puedan prosperar y adquirir riqueza, como les corresponde por derecho".

"Vayan y enseñen estas verdades para que cada honorable súbdito de Su Majestad pueda también disfrutar de la amplia riqueza de nuestra amada ciudad".

"¡ESTA ES LA ORDEN DE SU REY!"

LA DIOSA DE LA BUENA FORTUNA

"Si un hombre es afortunado, no hay manera de predecir qué tan grande es su buena suerte. Arrójalo al Éufrates y muy posiblemente saldrá con una perla en su mano".

—*Proverbio Babilónico*

El deseo por tener buena fortuna es universal. Es tan fuerte hoy como lo fue hace cuatro mil años atrás en los corazones de los hombres de la antigua Babilonia. Todos esperamos ser favorecidos por la caprichosa Diosa de la Buena Fortuna. ¿Acaso hay una manera de que podamos conocerla y atraer no solo su atención, sino también sus generosos favores?

¿Hay una manera de atraer la buena suerte?

Eso es lo que los hombres de la antigua Babilonia deseaban saber y es exactamente lo que decidieron averiguar. Ellos eran hombres aplicados y astutos, lo cual explica por qué su ciudad se convirtió en la más rica y poderosa de su época.

En ese pasado distante, ellos carecían de escuelas o universidades. Sin embargo, ellos tenían un centro de aprendizaje bastante práctico. Entre los edificios de Babilonia había uno que rivalizaba en importancia con el Palacio del Rey, los Jardines Colgantes y los Templos de los Dioses. Apenas encontrarás mención del mismo en los libros de historia, pero ejercía una poderosa influencia en el pensamiento de aquellos tiempos.

Este edificio era el Templo del Aprendizaje, donde la sabiduría del pasado era explicada por maestros voluntarios y donde los temas de interés popular se discutían en foros abiertos. Dentro de sus murallas todo los hombres eran iguales. El más humilde de los esclavos podía rebatir impunemente las opiniones de un príncipe de la casa real.

Entre los muchos que frecuentaban en Templo del Aprendizaje se encontraba un hombre rico y sabio de nombre Arkad, llamado el hombre más rico de Babilonia. Él tenía su propio salón especial en donde cada tarde un numeroso grupo de hombres de todas las edades se reunían para discutir y debatir temas interesantes. Entre esos temas estaban el de como atraer la buena suerte.

El sol se acababa de poner como una gran bola de fuego brillando a través de la neblina del desierto cuando Arkad caminaba como de costumbre a su tarima. Cuatro veintenas de hombres ya aguardaban su llegada, reclinándose en sus pequeñas alfombras extendidas a lo largo del piso. Todavía seguían llegando más personas al salón.

"¿Qué discutiremos esta noche?", Arkad preguntó.

Tras dudar brevemente, un tejedor de estatura notable se dirigió a él levantándose como era la costumbre. "Tengo un tema que me gustaría discutir, pero no estoy seguro de traerlo a colación porque puede parecerle ridículo a usted, Arkad, y a mis buenos amigos aquí presentes".

Arkad y los demás le insistieron para que lo formulara, por lo que él continuó: "He sido afortunado el día de hoy porque me he encontrado una bolsa con piezas de oro. Deseo seguir manteniendo la misma suerte y como sé que todos los hombres comparten conmigo este deseo, sugiero que debatamos como atraer *buena suerte* para que descubramos maneras de hacerlo".

"Se ha sugerido un tema bastante interesante", comentó Arkad, "uno que vale la pena discutir. Para algunos hombres la suerte es un suceso fortuito o accidental que nos puede aparecer sin propósito o razón. Otros creen que la instigadora de la buena fortuna es nuestra diosa más generosa, Ashtar, siempre con ansias de recompensar con buenos regalos a aquellos que la complazcan. Hablen, amigos míos, ¿piensan que deberíamos averiguar si existen medios mediante los cuales podemos hacer que la buena suerte nos visite a cada uno de nosotros?"

"¡Sí! ¡Sí!", respondió el grupo de estudiantes al que cada vez más se le unía más gente.

Arkad dijo a continuación: "Para empezar nuestra discusión, primero escuchemos otras historias parecidas a la del tejedor de parte de otros miembros de esta clase, relatos en los que se reciben tesoros y joyas valiosas sin ningún esfuerzo de nuestra parte".

Hubo una pausa en la cual todos se vieron las caras esperando que alguien respondiera, pero nadie lo hizo.

"¿Acaso no hay ninguno?", Arkad dijo, "entonces este tipo de buena suerte debe ser muy extraña. ¿Quién más de este grupo ofrecerá una sugerencia con respecto a dónde debemos seguir nuestra búsqueda?"

"Yo lo haré", dijo un joven bien vestido mientras se levantaba. "¿Acaso cuando un hombre habla de suerte no es natural que sus pensamientos giren en torno a los juegos de azar? ¿No es ahí donde muchos hombres cortejan el favor de la diosa con la esperanza de que ella los bendiga con buenas ganancias?"

Mientras se sentaba, una voz lo interrumpió diciéndole: "¡No te detengas! ¡Continúa con tu historia! Cuéntanos, ¿lograste el favor de la diosa en los juegos de azar? ¿Hizo que los dados cayeran con la cara roja hacia arriba para que llenaras tu bolsa a expensas de los demás jugadores, o permitió que los dados cayeran con la cara azul hacia arriba para que los demás jugadores se llevaran las piezas de plata que con tanto esfuerzo habías ganado?"

El joven se rio afablemente y luego respondió: "No tengo problemas en admitir que ella posiblemente nunca supo que yo estaba ahí. ¿Pero qué hay de todos ustedes? ¿Acaso ella ha mostrado disposición a ayudarlos en los juegos de dados? Estamos tan ansiosos de escuchar sus historias como de aprender".

"Un buen comienzo", dijo Arkad. "Nos reunimos aquí para considerar todas las aristas de cada pregunta. Ignorar los juegos de azar sería pasar por alto un instinto común en todos los hombres, las ganas de apostar una pequeña cantidad de plata con las esperanzas de ganar mucho oro".

"Eso me recuerda a las carreras de ayer", dijo otro de los oyentes. "Si la diosa frecuenta las casas de apuestas, ciertamente no pasaría por alto las carreras en las que las cuadrigas doradas y los coléricos caballos ofrecen mucha más emoción. Dinos honestamente, Arkad, ¿acaso ella te susurró ayer ideas para que apostaras a favor de esos caballos grises de Nínive? Yo estaba detrás de ti y no podía creer que apostaras a favor de esos caballos. Tú sabes tan bien como nosotros que no hay ningún equipo en toda Asiria que pueda vencer a nuestros amados alazanes en una carrera justa".

"¿Acaso la diosa te pidió que apostaras a favor de los grises porque en la última vuelta el caballo negro del carril interior iba a tropezarse e interferir con nuestros alazanes causando que los grises ganaran la carrera de una manera injusta?"

Arkad sonrió con benevolencia. "¿Qué razón tenemos nosotros para creer que la diosa se interesaría tanto por la apuesta de un hombre en una carrera de caballos? Para mí, ella es una diosa de amor y dignidad cuyo único placer está en ayudar a aquellos que lo necesitan y en recompensar a aquellos que así lo merezcan. No trato de encontrarla en las casas de apuestas o en las carreras donde los hombres pierden más oro del que ganan, sino en otros lugares donde las acciones de los hombres sean más valiosas y dignas de gratificación".

"En el labrado de la tierra, en intercambios comerciales honestos, en fin, en todas las ocupaciones del hombre hay oportunidad de obtener ganancias mediante el esfuerzo y sus transacciones. Es posible que él no sea recompensado todo el tiempo porque algunas veces su juicio puede fallar y otras veces los vientos y el clima puedan ir en contra de sus esfuerzos. No obstante, si él persiste, puede aspirar a que sus beneficios se vuelvan realidad. Esto es así porque las probabilidades de obtener ganancias siempre están a su favor".

"Pero cuando un hombre decide participar en juegos de azar, la probabilidad de obtener ganancias está en su contra y a favor de la casa de apuestas. El juego está manipulado para que favorezca a la casa de apuestas. Esto es así porque el dueño de la misma se enfoca en obtener amplias ganancias a partir de las monedas apostadas por los jugadores. Pocos jugadores se dan cuenta de cuan escasas son sus oportunidades de victoria y cuan factibles son las probabilidades de pérdida".

"Por ejemplo, consideremos las apuestas en un juego de dados. Cada vez que se arrojan nosotros apostamos cual cara será la superior. Si la cara superior es la roja el maestro de juegos nos paga cuatro veces la cantidad que apostamos. Pero si alguna de las otras caras resulta ser la superior, entonces perdemos nuestra apuesta. De este modo, los números nos indican que por cada oportunidad de ganar, tenemos cinco oportunidades de perder, pero debido a que el rojo paga en relación 4:1, tenemos entonces cuatro oportunidades de victoria. En una noche de apuestas, el director de juegos puede esperar mantener como ganancia la quinta parte de todas las monedas en juego. ¿Es posible para un hombre ganar más que de forma ocasional cuando las probabilidades están dispuestas para que pierda una quinta parte de todas sus apuestas?"

"Pero a veces algunos hombres ganan enormes sumas de dinero", dijo uno de los oyentes.

"Sí, ellos lo hacen", Arkad continuó. "Pensando en ello, me pregunto si el dinero obtenido de esa manera ofrece un valor permanente a las personas que cuentan con esa suerte. Entre muchos de mis conocidos se encuentran muchos de los hombres más exitosos de Babilonia, pero de entre todos ellos ninguno logró su riqueza a partir de esa fuente".

"Todos los que se encuentran reunidos aquí conocen a varios de nuestros ciudadanos más connotados. A mí me gustaría mucho aprender como nuestros ciudadanos más reputados pueden trazar el origen de su éxito en los juegos de azar. Supongo que cada uno de ustedes lo sabe. ¿Qué tienen ustedes que decir?"

"¿Esa pregunta incluye a los dueños de las casas de apuestas?", se aventuró a decir uno de los alumnos tras un silencio prolongado.

"Pueden hacerlo si no piensan en nadie más. Si ninguno de ustedes piensa en alguien, entonces pueden hablar sobre ustedes mismos. ¿Entre ustedes hay algún ganador consistente en las apuestas que dude en aconsejar esa fuente de ingreso a sus semejantes?"

Su reto fue respondido por una serie de quejidos en la última fila en medio de una lluvia de carcajadas.

"Parece que no encontramos la buena suerte en los lugares que la diosa frecuenta. Por lo tanto tenemos que explorar otros campos. No la hemos encontrado al encontrar sacos de monedas perdidos. Tampoco la hemos encontrado acudiendo a las casas de apuestas. Con respecto a las carreras, debo confesar que he perdido más amonedas apostando que las que he ganado". Arkad continuó.

"Ahora consideremos nuestros negocios y profesiones. ¿Acaso no es natural que si cerramos una transacción rentable, no la consideremos buena suerte sino una justa recompensa por nuestros esfuerzos? Estoy inclinado a pensar que podemos estar pasando por alto los regalos de la diosa. A lo mejor, ella realmente nos ayuda y no apreciamos su generosidad. ¿Quién tiene otra sugerencia?"

En ese momento, un anciano comerciante, ataviado con una bata blanca, se levantó y tomó la palabra: "Con su permiso, honorable Arkad, me gustaría hacer una sugerencia a usted y a nuestros amigos presentes. Si es cierto que nuestro éxito se debe al esfuerzo y habilidades propias, ¿qué debemos decir entonces de los triunfos que casi alcanzamos pero que se nos escaparon? Me refiero a esos eventos inesperados y ejemplos de buena suerte que podrían haber sido aún más rentables pero que nunca llegaron a concretarse. Dado que no sucedieron, no podemos considerarlos recompensas justas. Sin duda, muchos de los hombres aquí presentes habrán tenido experiencias similares".

"Esa es una reflexión muy interesante", Arkad comentó. "¿Quiénes entre ustedes han visto como la buena suerte se escapa de sus manos pese a tenerla a su alcance?"

Muchas manos se levantaron, entre ellas la del comerciante. Arkad le pidió que hablara. "Ya que sugeriste este tema, nos gustaría que fueras el primero en hablar".

El comerciante continuó hablando. "Con gusto relataré una historia que ilustra como un hombre teniendo a la buena suerte tan cerca, ciegamente permitió que esta se le escapase, causándole pérdida y arrepentimiento".

"Muchos años atrás cuando yo era un joven recién casado que empezaba a ganarse la vida, mi padre se me acercó un día y me pidió con vehemencia que participara en una inversión. El hijo de uno de sus mejores amigos había puesto sus ojos en una extensión de tierra estéril más allá de las murallas exteriores de la ciudad. Esta extensión se encuentra sobre el canal, en una ubicación donde el agua no puede alcanzarla".

"El hijo del amigo de mi padre diseñó un plan para comprar esa extensión de tierra, construiría tres norias que pudieran ser impulsadas por bueyes y mediante ellas traería agua que pudiera darle vida al suelo fértil. Al cumplir esto, él planeaba dividirla en extensiones de tierra más pequeñas y venderlas a los residentes de la ciudad como tierras de cultivo".

"El hijo del amigo de mi padre no tenía el oro suficiente para llevar a cabo dicha empresa. Él era un hombre de ingresos modestos tal como yo, y su padre era un hombre con una familia grande y escasos medios. Por lo tanto, él decidió convencer a varios hombres para que se le unieran en el proyecto. El grupo debía estar conformado por doce personas, cada uno de los cuales acordaría pagar una décima parte de sus ganancias al emprendimiento hasta que la tierra estuviese lista para la venta. Al final, todos obtendrían ganancias de acuerdo con lo que invirtieran".

"'Hijo mío', mi padre me dijo, 'eres un adulto joven. Deseo con todas mis fuerzas que empieces a construir un valioso patrimonio para que así seas un hombre de respeto. Deseo ver que prosperes y no repitas los mismos errores tontos de tu padre'".

"Es lo que más deseo, padre mío", le respondí.

"'Entonces te aconsejo que hagas lo que yo debí haber hecho a tu edad. Aparta una décima parte de tus ingresos para llevar a cabo inversiones rentables. Con la décima parte de tus ingresos y lo que ellos producirán para ti, podrás acumular para ti un valioso patrimonio para cuando tengas mi edad'".

"'Tus palabras muestran sabiduría, padre. Yo deseo muchas riquezas, pero también necesito usar mis ganancias en cosas apremiantes. Por ese motivo tengo dudas en seguir tu consejo, soy joven y tengo mucho tiempo por delante'".

"'Es lo mismo que pensaba yo a tu edad, pero mira, muchos años han pasado y ni siquiera he podido empezar'".

"'Padre, vivimos en una época diferente y no cometeré los mismos errores que tú'".

"'La oportunidad se está presentando ante ti, hijo mío. Te está ofreciendo un camino que te pudiese conducir a la riqueza. Ruego que no la dejes pasar. Habla mañana con el hijo de mi amigo y negocia con él para pagar la décima parte de tus ingresos en este emprendimiento. Ve pronto mañana en la mañana. La oportunidad no espera por ningún hombre, hoy está y mañana no. ¡Así que por favor no la dejes pasar!'"

"A pesar del consejo de mi padre, yo vacilé. Observaba con fascinación las túnicas que recién habían traídos los mercaderes desde el Oriente, mi hermosa esposa y yo sentimos que debíamos poseer una túnica de tan inconmensurable riqueza y belleza. Si yo acordaba pagar una décima parte de mis ganancias en el emprendimiento, entonces debíamos privarnos de aquel y de otros placeres que deseábamos con locura. Me retrasé en tomar una decisión hasta que ya fue demasiado tarde. Aquel emprendimiento resultó ser más rentable de lo que cualquiera hubiera profetizado, lo cual hizo crecer mi arrepentimiento. Esta es mi historia, en la cual les muestro como permití que la buena suerte se me escapara".

"En esta historia vemos como *la buena suerte aborda a los hombres que aceptan las oportunidades*", comentó un hombre moreno del desierto. "La construcción de un patrimonio siempre requiero un comienzo. Ese comienzo puede estar en unas pocas piezas de oro o plata que un hombre desvía de sus ingresos para su primera inversión. En mi caso, soy el propietario de varios rebaños. Comencé comprando un ternero con una pieza de plata cuando apenas era un niño. Al ser el comienzo de la construcción de mi riqueza, fue de gran importancia para mí".

"El tomar el primer paso para construir un patrimonio podría considerarse como una manifestación de la buena suerte. Con todos los hombres, ese primer paso que los transforma de hombres que obtienen ingresos fruto de su propio trabajo a hombres que obtienen dividendos fruto de los ingresos que produce su oro, es realmente importante. Algunos toman ese primer paso cuando son jóvenes y terminan superando en éxito financiero a aquellos que lo toman después y a los desafortunados, como el padre del mercader, que nunca lo toman".

"Si nuestro amigo, el mercader, hubiese tomado ese paso en su juventud cuando la oportunidad se le presentó, hoy en día él estaría bendecido con mucho más de lo que este mundo tiene para ofrecer. Si la buena suerte de nuestro amigo, el tejedor, causó que él tomara un paso tan importante ahora, seguramente su suerte atraerá más suerte y será el comienzo de una fortuna mucho mayor".

"¡Gracias! A mí también me gustaría hablar". Un forastero se levantó. "Soy sirio y no hablo muy bien su idioma. Deseo llamar por un término a nuestro amigo el mercader. Quizás ustedes piensen que es un término grosero, pero quiero llamarlo así. Pero, lamentablemente no sé cómo se dice en su idioma. Y si lo digo en sirio, ustedes no lo entenderían. Por favor, les pido a ustedes que me digan cómo se le dice en su idioma a aquel hombre que suele posponer aquellas cosas que podrían serle beneficiosas".

"Procrastinador", dijo alguien.

"Eso es lo que es él", gritó el sirio mientras agitaba sus manos con emoción, "él no acepta la oportunidad cuando esta se le aparece. Él espera. Él dice que tiene otras cosas que hacer. Pero la oportunidad no espera por individuos tan lentos. Ella piensa que si un hombre desea tener suerte, él entonces se moverá con rapidez. Cualquier hombre que no aproveche rápidamente lo que la oportunidad le ofrece, es un gran procrastinador como nuestro amigo, el mercader".

El mercader se puso de pie y le saludó de buen modo en repuesta a sus comentarios. "Tienes mi admiración forastero, porque a pesar de que eres un extranjero dentro de los muros de nuestra ciudad, no dudas en decir la verdad".

"Y ahora escuchemos otra historia sobre oportunidades. ¿Quién tiene otra experiencia que contarnos?" Preguntó Arkad.

"Yo la tengo", respondió un hombre de mediana edad que vestía una túnica roja. "Soy un comprador de animales, principalmente camellos y caballos, aunque algunas veces también adquiero ovejas y cabras. El cuento que les voy a relatar tratará sobre como la oportunidad llego una noche cuando yo menos la esperaba. Quizás por esta razón la dejé escapar. Que ustedes me juzguen".

"Al regresar a la ciudad tras un infructuoso viaje de diez días en búsqueda de camellos, me topé con la desagradable sorpresa de que las puertas de la ciudad estaban cerradas. Mientras mis esclavos preparaban nuestra tienda para pasar la noche sin agua ni comida, se me acercó un anciano granjero que, al igual que nosotros, se había quedado atrapado a las afueras de la ciudad".

"'Honorable señor', él se dirigió a mi persona, 'por sus apariencia puedo inferir que usted es un comprador. Si eso es cierto, me gustaría mucho venderle un excelente rebaño de ovejas. Por desgracia, mi querida esposa se encuentra muy enferma debido a la fiebre y debo regresar con gran apuro. ¿Me podría comprar mis ovejas para que así mis esclavos y yo podamos montarnos en nuestros camellos y regresar inmediatamente?'".

"Estaba muy oscuro y yo no podía ver su rebaño, pero por el balido se podía distinguir que era uno grande. Tras haber desperdiciado diez días en la búsqueda infructuosa de camellos, yo estaba alegre de negociar con él. Debido a su apuro, él fijo un precio bastante razonable. Yo acepté sabiendo que mis esclavos podían conducir al rebaño a través de las puertas de la ciudad a la mañana siguiente y venderlos con sustanciales ganancias".

"El acuerdo se cerró, así que llamé a mis esclavos para que trajeran antorchas y así pudiésemos contar la cantidad de ovejas en el rebaño, que de acuerdo con el granjero eran novecientas. Amigos, les ahorraré los detalles de lo difícil que era el intentar contar tantas ovejas ruidosas y sedientas. Fue una tarea imposible, así que le dije al granjero que las contaría al día siguiente y le pagaría después de hacerlo".

"'Por favor, honorable señor', me rogó, 'págueme solo dos tercios del precio acordado esta noche para que yo pueda partir sin retraso. Dejaré con usted a mi esclavo más inteligente y educado para que lo asista a llevar a cabo el conteo en la mañana. Él es de confiar y puede pagarle el tercio restante una vez se concluya la tarea'".

"Pero yo fui un testarudo y rechacé pagarle esa noche. A la mañana siguiente, antes de que me despertara, las puertas de la ciudad se abrieron y cuatro compradores salieron de la ciudad con apuro en búsqueda de rebaños. Ellos estaban más ansiosos y dispuestos a pagar altos precios porque la ciudad estaba bajo amenaza de asedio y la comida podría escasear. El anciano granjero terminó vendiendo las ovejas a un precio tres veces mayor al que él me las había ofrecido. Dejé escapar un buen golpe de suerte".

"Si que es una historia muy inusual", comentó Arkad. "¿Qué aprendizaje nos deja?"

"El aprendizaje de pagar inmediatamente cuando estamos convencidos de que un acuerdo o negocio nos beneficia", sugirió un fabricante de sillas de montar. "Si el negocio es bueno, necesitas protección contra tus propias debilidades y contra los demás hombres. Nosotros, los mortales, podemos cambiar nuestra manera de pensar. Por desgracia, debo decir que es más probable que cambiemos para peor cuando estamos en lo correcto, y no al contrario. Somos muy testarudos cuando nos equivocamos y cuando estamos en lo correcto vacilamos y dejamos que las oportunidades se nos escapen. Suelo tener un muy buen primer juicio, pero luego se me dificulta proceder con un buen negocio cuando me propongo a hacerlo. Por ende, como una protección ante mis propias debilidades, pago con prontitud. Esto evitará que me arrepienta a posteriori de haber dejado escapar buenas oportunidades".

"¡Gracias!, me gustaría hablar de nuevo". El sirio se levantó otra vez. "Estas historias son muy parecidas. En cada una de ellas la oportunidad se escapa por alguna razón. Cada vez que ella se les acerca a los *procrastinadores* con un buen plan, ellos dudan y no piensan en aprovecharla inmediatamente. ¿Cómo pueden los hombres tener éxito de esa manera?"

"Sabias son tus palabras, amigo mío", respondió el comprador. "La buena suerte se nos escapó debido a la procrastinación en ambos relatos. No obstante, eso no es inusual. El espíritu de la procrastinación se encuentra dentro de todos nosotros. Deseamos riquezas, pero cuando la oportunidad se nos presenta, el espíritu de la procrastinación en nuestro interior nos urge a demorar su aceptación. *Nos convertimos en nuestros propios enemigos al escucharle.*

"Cuando yo era joven, yo no *la* conocía por ese nombre tan largo al que nuestro amigo sirio le gusta pronunciar. En un principio pensé que mi pobre juicio era el que causaba que perdiera varios negocios rentables. Luego, pensé que era debido a mi testarudez. Al final de cuentas la reconocí por lo que era: un hábito de retrasar innecesariamente acciones y decisiones que son apremiantes. La odié mucho cuando su verdadero carácter salió a la luz. Rompí las cadenas que me ataban a este enemigo para así lograr ser exitoso. Lo hice con la amargura de un asno salvaje atado a una cuadriga".

"¡Gracias!, me gustaría preguntarle algo al mercader". El sirio habló. "Usted viste ropas finas que no se asemejan a las de un hombre pobre. Usted incluso habla como un hombre de éxito. Díganos, "¿usted le hace caso omiso a la procrastinación cuando esta le susurra a sus oídos?"

"Como nuestro amigo el comprador, también tuve que reconocer y conquistar a la procrastinación", respondió el mercader. "La procrastinación resultó ser un enemigo siempre vigilante y a la espera de frustrar mis logros. La historia que relaté no fue más que una de varias situaciones similares en las que mis oportunidades se esfumaron. No es difícil de conquistar una vez que la entiendes. *Ningún hombre permite de manera voluntaria que un ladrón robe sus contenedores de granos. Tampoco ningún hombre permite que cualquier enemigo aleje a sus clientes y le robe sus ganancias.* Cuando me di cuenta de que tales actos no eran más que obra de mi enemigo, decidí determinadamente conquistarlo. Todo hombre debe dominar su propio espíritu de procrastinación antes de que pueda aspirar a disfrutar su parte de todas las riquezas que esta ciudad tiene para ofrecer".

"¿Y tú que dices, Arkad? Tú eres el hombre más rico de Babilonia y muchos aseguran que eres el más afortunado. ¿Estás de acuerdo conmigo es que ningún hombre puede alcanzar el éxito con plenitud hasta haber dominado al espíritu de la procrastinación en su interior?"

"Es tal como dices", Arkad admitió. "Durante mi larga vida, he visto a generación tras generación marchando a lo largo de esas avenidas de conocimiento, ciencia y aprendizaje que conducen a una vida exitosa. Las oportunidades abordaron a todos esos hombres. Algunos aprovecharon las suyas y pudieron gratificar sus deseos más profundos, pero la mayoría dudó, flaqueó y se quedó atrás".

Arkad dirigió la mirada al tejedor. "Tú sugeriste que debatiéramos sobre la buena suerte. Haznos saber qué piensas sobre el tema".

"Yo veo a la buena suerte desde otra perspectiva. Yo pensaba en ella como algo deseable que pudiese ocurrirle a un hombre sin ningún esfuerzo de su parte. Ahora me doy cuenta de que esos sucesos no son la clase de cosas que uno puede atraer a sí mismo. He aprendido a partir de nuestra discusión que *para atraer la buena suerte a uno mismo, es necesario aprovechar las oportunidades*. Por lo tanto, en el futuro haré mi mejor esfuerzo para aprovechar las oportunidades que encuentre".

"Tú has comprendido bien las verdades presentadas en nuestra disertación", Arkad respondió. "A menudo la buena suerte sigue a la oportunidad, pero rara vez ocurre al contrario. Nuestro amigo, el mercader, habría encontrado buena fortuna de haber aceptado la oportunidad que la buena diosa le presentó. Nuestro amigo, el comprador, habría disfrutado de una buena suerte si hubiese completado la compra del rebaño y posteriormente lo hubiera vendido".

"Nosotros promovimos esta discusión para encontrar los medios para atraer la buena suerte hacia nosotros. Siento que hallamos la manera. Ambas historias ilustraron como la buena suerte sigue a la oportunidad. Aquí yace una verdad inmutable en muchas historias de buena suerte. La verdad es esta: *La buena suerte puede atraerse al aceptar las oportunidades*".

"El interés de la buena diosa es atraído por aquellos ansiosos de aprovechar las oportunidades para su mejora personal. Ella siempre está ansiosa de ayudar a quienes la complacen. Los hombres proactivos son muy exitosos en esa tarea".

"LA ACCIÓN te conducirá hacia el éxito que tanto deseas".

LOS HOMBRES PROACTIVOS SON FAVORECIDOS POR LA DIOSA DE LA BUENA SUERTE

LAS CINCO LEYES DEL ORO

"Si tuvieran la oportunidad de escoger entre una bolsa repleta de oro o una tableta de arcilla en la cual leer palabras llenas de sabiduría, ¿cuál escogerían?"

Las caras acaneladas de los oyentes brillaban con interés al lado de una hoguera cuya llama era alimentada por arbustos del desierto.

"El ORO, el ORO", gritaban los veintisiete.

El anciano Kalabab sonreía astutamente.

"Hark", él continuó, levantando su mano. "Escucha a los perros salvajes que se encuentran ahí afuera esta noche. Ellos aúllan y gimen porque están flacos y hambrientos. Sin embargo, ¿qué hacen si los alimentas? Ellos terminan peleándose y pavoneándose sin pensar en el mañana que inexorablemente llegará".

"Lo mismo ocurre con los hombres si se les brinda la oportunidad de escoger entre oro y sabiduría. ¿Qué terminan haciendo? Ellos terminan ignorando la sabiduría y desperdiciando el oro. Y tal como ocurre con los perros, a la mañana siguiente se lamentarán por no tener más".

"El oro está reservado para aquellos que conocen sus leyes y saben cómo acatarlas".

Kalabab se cubrió sus piernas flacas con su túnica, porque un viento helado estaba soplando.

"Ya que me han servido fielmente en nuestro largo viaje, ya que han cuidado bien de mis camellos, ya que han trabajado sin descanso a través de las ardientes dunas del desierto y ya que han peleado valerosamente contra los ladrones que buscaban robarme mis mercancías, les contaré 'LAS CINCO LEYES DEL ORO', una historia que nunca habían oído".

"Escuchen bien las palabras que voy a decir, porque si ustedes comprenden su significado y les prestan atención, tendrán mucho oro en su futuro porvenir".

Él hizo una pausa. Sobre ellos, las estrellas brillaban en el firmamento azulado de Babilonia. Detrás del grupo se encontraban sus desgastadas tiendas fuertemente ancladas contra posibles tormentas de arena. Al lado de las tiendas se encontraban organizados paquetes de mercancía cubiertos de pieles y firmemente anclados al suelo. En las cercanías se encontraban los camellos tendidos en la arena, algunos rumiando y otros durmiendo.

"Nos has contado muchas buenas historias, Kalabab", habló el jefe de los empacadores. "Acudimos a tu sabiduría para que nos guíe el día de mañana cuando termine nuestro servicio contigo".

"No he hecho más que contarles mis aventuras en tierras extranjeras y distantes, pero esta noche les contaré sobre la sabiduría de Arkad, el hombre rico y sabio".

"Hemos escuchado mucho sobre él", reconoció el jefe de los empacadores, "porque él era el hombre más rico de Babilonia".

"Él era el hombre más rico debido a que conocía como manejar el oro mejor que nadie. Esta noche les contaré acerca de su gran sabiduría, tal como me lo contó su hijo Nomasir varios años atrás en Nínive, cuando yo no era más que un niño".

"Mi maestro y yo estuvimos en el palacio de Nomasir durante buena parte de la noche. Yo ayudé a mi maestro a transportar grandes bultos de finas alfombras para que Nomasir las evaluara y seleccionara los colores que más le gustaran. Una vez que Nomasir quedó satisfecho con su elección, nos invitó a sentarnos con él y probar un extraño vino que tenía un aroma penetrante y un sabor cálido que no estaba acostumbrado a beber".

"A continuación, él nos contó una historia que relataba la gran sabiduría de Arkad, su padre, la misma historia que les contaré a ustedes".

"Era costumbre en Babilonia, como ustedes ya saben, que los hijos de los padres ricos viviesen con sus padres a la espera de heredar su patrimonio. Arkad no estaba de acuerdo con esa tradición. Por lo tanto, cuando Nomasir alcanzó la edad suficiente para heredar los bienes de su padre, Arkad habló con él y le dijo:"

"'Hijo mío, deseo con ansias que heredes mi patrimonio. Debes, sin embargo, probar primero que eres capaz de manejarlo con sabiduría. Por lo tanto, deseo que salgas al mundo y muestres tus habilidades tanto para adquirir oro como para ser respetado por tus semejantes'".

"'Para que empieces bien, te daré dos cosas que yo no tuve en mi juventud cuando empecé a construir riqueza'".

"'En primer lugar, te daré una bolsa de oro. Si lo usas sabiamente, este se convertirá en la base de tu éxito futuro'".

"'En segundo lugar, te daré esta tableta de arcilla que contiene "LAS CINCO LEYES DEL ORO". Si manejas tus acciones en base a ellas, seguramente te brindarán competencia y seguridad'".

"'Dentro de diez años, regresa a la casa de tu padre y rinde cuenta de tus acciones. Si demuestras que eres digno, entonces te convertirás en el heredero de mi patrimonio. En caso contrario, se lo daré a los sacerdotes para que intercedan por mi alma ante los Dioses'".

"Entonces Nomasir partió a abrirse camino por cuenta propia, tomando la bolsa de oro, la tableta de arcilla cuidadosamente recubierta por un pañuelo de seda, su esclavo y los caballos que montaban".

"Los diez años pasaron y Nomasir regresó a la casa de su padre tal como se había acordado. Arkad organizó un gran festín en su honor, al cual invitó a muchos amigos y familiares. Cuando el festín terminó, el padre y la madre se sentaron en sus asientos similares a tronos ubicados a un lado del gran salón, y Nomasir permaneció de pie ante ellos dando cuenta de sus acciones, tal como se lo había prometido a su padre".

"Era de noche y el salón estaba envuelto por el humo de las lámparas de aceite que muy tenuemente lo iluminaban. Esclavos vistiendo túnicas y chaquetas blancas abanicaban rítmicamente el aire húmedo con enormes hojas de palma. Una dignidad majestuosa aderezaba el escenario. La esposa de Nomasir, sus dos hijos jóvenes, amigos y demás familiares escuchaban con entusiasmo sentados en alfombras ubicadas a sus espaldas".

"'Padre', él empezó con una deferencia, 'me inclino ante tu sabiduría. Hace diez años cuando me encontraba a las puertas de la adultez, me pediste que me abriera paso por mi cuenta y me convirtiera en todo un hombre en lugar de seguir siendo vasallo de tu fortuna'".

"'Generosamente me diste oro y sabiduría. Por desgracia debo admitir que manejé desastrosamente el oro, mi inexperiencia causó que este se diluyera en mis manos de la misma forma que una liebre salvaje se escapa a la primera oportunidad del joven que la captura'".

"El padre sonrió con indulgencia. 'Continúa hijo mío, me interesan todos los detalles de tu historia'".

"'Decidí ir a Nínive ya que esta era una ciudad pujante y pensé que allí podría encontrar oportunidades. Me uní a una caravana e hice amigos entre sus numerosos miembros. Entre ellos se encontraban dos hombres de buen hablar que tenían un hermoso caballo blanco tan rápido como el viento'".

"'Mientras viajábamos, ellos me dijeron que en Nínive vivía un hombre rico que poseía un caballo tan veloz que nunca había sido vencido. Su dueño creía que ningún caballo con vida podía correr a una mayor velocidad. Por lo tanto, él apostaría cualquier suma de dinero a que su caballo superaría a cualquier otro en toda Babilonia. Mis amigos dijeron que el caballo de aquel hombre era torpe y lento en comparación al suyo, y que por lo tanto podrían vencerlo con facilidad'".

"'Ellos me ofrecieron como gran favor unirme en su apuesta, por lo que yo estaba muy emocionado con el plan'".

"'Nuestro caballo fue humillantemente derrotado y yo perdí mucho de mi oro'. El padre se rio. 'Luego descubrí que todo esto fue una treta planificada por ese par de hombres, ambos viajaban constantemente en caravanas buscando víctimas de las cuales aprovecharse. El hombre en Nínive era su compañero y compartían con ellos todas las apuestas que ganaba. Este horrible engaño me enseñó mi primera lección en mi aprendizaje'".

"'Pronto aprendí otra lección igualmente amarga. En la caravana se encontraba otro joven con el que entablé una gran amistad. Sus padres eran ricos y, al igual que yo, se dirigía a Nínive a probar suerte. No mucho tiempo después de nuestra llegada, él me dijo que un mercader había muerto, y estaban ofertando su tienda y mercancía a un precio bastante bajo. Me dijo que seriamos socios en igualdad de condiciones, pero me urgió a que yo comprara la tienda con mi oro porque él tenía primero que regresar a Babilonia para buscar el suyo. Acordamos en que una vez yo hubiese comprado la tienda, él luego usaría su oro para seguir invirtiendo en la misma'".

"'Él retrasó mucho su viaje a Babilonia, probando mientras tanto que era un comprador insensato y un consumidor tonto. Eventualmente lo eché de la tienda, pero no antes de que aquel negocio hubiese alcanzado un grado de deterioro tal, que solo teníamos bienes invendibles y nada de oro en nuestras bolsas para poder reponer el inventario. Sacrifiqué todo lo que quedaba a un israelita por una módica suma'".

"'A continuación vinieron días amargos, padre mío. Busqué empleo y no encontré porque carecía de conocimiento o formación que me permitiera ganar dinero. Así que terminé vendiendo mis caballos, mi esclavo y la ropa que no necesitaba para conseguir un sitio donde dormir, pero con cada día que pasaba mis necesidades se acrecentaban'".

"'Pero en esos días amargos pensé en la confianza que depositaste en mí, padre. Tú me habías hecho salir de Babilonia para que me convirtiera en un hombre, y esa era una tarea que yo estaba determinado a cumplir'. La madre lloraba calladamente.

"'En ese momento pensé en la tableta de arcilla que me habías dado y en la cual se podía ver que habías escrito "LAS CINCO LEYES DEL ORO". A continuación, leí cuidadosamente tus sabias palabras y pude darme cuenta de que si yo hubiese buscado sabiduría primero, no hubiera perdido mi oro. Aprendí de memoria cada ley y estaba determinado a que cuando la diosa de la buena fortuna me sonriera, me guiaría por la sabiduría que brindan los años y no por la inexperiencia de la juventud'".

"'Para el beneficio de todos los que aquí se encuentran, leeré las palabras de sabiduría de mi padre, tal como él las plasmó en la tableta de arcilla que me dio hace diez años:'"

LAS CINCO LEYES DEL ORO

I. *El oro viene alegremente y en cantidades cada vez mayores a cualquier hombre que dedique no menos de una décima parte de sus ingresos a crear una patrimonio para su futuro y el de su familia.*

II. *El oro trabaja diligente y satisfactoriamente para el poseedor sabio que le encuentre un uso rentable, multiplicándose como los hacen los rebaños en el campo.*

III. *El oro se aferra a la protección de los propietarios precavidos que lo invierten siguiendo el consejo de hombres sabios en la materia.*

IV. *El oro se escapa de los hombres que lo invierten en negocios o propósitos que no le son familiares o que no son aprobados por aquellos expertos en su manejo.*

V. *El oro huye de los hombres que pretenden forzarlo a generar rendimientos imposibles, siguen el consejo seductor de embaucadores y confían en su propia inexperiencia y deseos románticos a la hora de invertir.*

"'Estas son las Cinco Leyes del Oro tal como las redactó mi padre. Considero que tienen un mayor valor que el oro en sí, tal como les demostraré en la continuación de mi relato'".

"Él de nuevo se dirigió a su padre. 'Te he contado la profundidad de la pobreza y desesperación que mi inexperiencia me trajo'".

"'No obstante, después de la tormenta siempre viene la calma. La mía llegó cuando pude conseguir un empleo como director de un grupo de esclavos que trabajaban en la construcción del nuevo muro exterior de la ciudad'".

"'Beneficiándome de mi conocimiento de la primera ley del oro, guardé una pieza de cobre cada vez que me pagaban mi salario hasta que finalmente pude obtener una pieza de plata. Fue un procedimiento lento, porque al fin de cuentas uno debe costear sus gastos personales. Admito que gastaba mi dinero a regañadientes porque estaba determinado a obtener antes de los diez años tanto oro como el que me habías dado, padre'".

"Un día, el amo de los esclavos, con el cual desarrollé una buena amistad, me dijo: 'Eres un hombre que ahorra mucho y no gasta todo lo que gana. ¿Acaso tienes ahorrado algo de oro que no te está produciendo beneficios?'"

"'Sí', le respondí. 'Mi mayor deseo es acumular oro para remplazar lo que mi padre me dio y perdí'".

"'Te garantizo que esa es una ambición que vale la pena, ¿pero acaso sabes que el oro que tienes ahorrado puede trabajar para ti y producir mucho más oro?'"

"'Por desgracia mi experiencia ha sido muy amarga, por lo que temo perder mi oro de la misma manera que perdí el de mi padre'".

"'Si depositas tu confianza en mí, te daré una lección en cómo manejar oro de manera rentable', él respondió. 'La muralla exterior estará completa dentro de un año y estará preparada para albergar las grandiosas puertas de bronce que serán construidas en cada entrada para proteger a la ciudad de los enemigos del Rey. En todo Nínive no hay suficiente metal para elaborar esas puertas y el Rey no ha pensado todavía en como suministrarlo. Este es mi plan: Un grupo de nosotros juntaremos nuestro dinero y enviaremos una caravana a las lejanas minas de cobre y estaño para traer el metal necesario para las puertas. Cuando el Rey exija la construcción de las puertas, solo nosotros podremos suministrar el metal y estoy seguro de que él pagará una alta suma por él. Si el Rey no nos los compra, nosotros aun podríamos venderlo a un muy buen precio a otros que lo necesiten'".

"'En su oferta reconocí una oportunidad para guiarme por la tercera ley e invertir mis ahorros bajo la guía de hombres sabios, lo cual no me decepcionó. Nuestra empresa fue exitosa y mis pequeñas reservas de oro incrementaron fuertemente como consecuencia de esa transacción'".

"'A su debido tiempo, yo fui aceptado como un miembro del mismo grupo en otros emprendimientos. Ellos eran hombres sabios en el manejo de oro y elaboraban cada plan con sumo cuidado antes de comprometerse en cualquier empresa. Ellos no arriesgaban su capital o lo involucraban en inversiones poco fructíferas. Además, habrían descartado inmediatamente participar en la carrera de caballos y en el otro negocio en el que me involucré debido a mi inexperiencia. Con total seguridad habrían señalado sus puntos débiles'".

"'A través de mi asociación con esos hombres aprendí a invertir mi oro de manera inteligente para que me produjera ganancias. Con el paso de los años mi tesoro se incrementó cada vez con mayor rapidez. No solamente recuperé lo que había perdido, sino que hice mucho más'".

"'A través de mis infortunios, tribulaciones y éxitos, probé una y otra vez en cada prueba la sabiduría de las Cinco Leyes del Oro, padre mío. El oro raramente viene y rápidamente se le va a aquel que carece del conocimiento de las Cinco Leyes. Pero aquel que se guía por sus preceptos podrá hacer que el oro venga y trabaje para él como el esclavo más diligente'".

"Nomasir dejó de hablar y se dirigió a un esclavo ubicado en la parte trasera del salón. El esclavo presentó, una a la vez, tres bolsas de cuero pesadas. Nomasir tomó una de ellas y la dispuso en el piso ante su padre. Luego le dirigió la palabra de nuevo".

"'Tú me diste una bolsa de oro, oro de Babilonia. En este momento te regreso una bolsa de oro de Nínive del mismo peso y valor. Es un intercambio justo, tal como lo acordamos'".

"'Tú me diste una tableta de arcilla en la que estaban inscritas palabras llenas de sabiduría. He aquí, en su lugar regreso dos bolsas de oro'. Tras decir esto, él tomó del esclavo dos bolsas de oro y las dispuso en el piso ante su padre".

"'Padre, esto lo hago para probarte que considero que tu sabiduría tiene mayor valor que tu oro. Sin embargo, ¿quién puede medir el valor de la sabiduría en bolsas de oro? Sin sabiduría, el oro rápidamente se les escapa a aquellos que lo tienen. Pero con sabiduría, el oro puede obtenerse por aquellos que carecen de él, tal como lo demuestran estas tres bolsas que pongo ante tus pies'".

"'Padre, es muy satisfactorio presentarme ante ti el día de hoy y decirte que debido a tu sabiduría, he sido capaz de convertirme en un hombre rico y respetado entre mis semejantes'".

"Con mucho cariño, el padre puso su mano sobre la cabeza de Nomasir. 'Has aprendido bien tus lecciones, y yo soy afortunado de tener un hijo a quien pueda confiarle mi riqueza'".

Kalabab terminó su historia y miró críticamente a sus oyentes.

"¿Qué significa esta historia para ustedes?", él continuó.

"¿Quién de entre ustedes puede ir a la casa de su padre o el padre de su esposa para dar cuenta de cuan sabiamente manejan sus ingresos?"

"¿Qué pensarían esos hombres venerables si ustedes le dijeran: 'He viajado, aprendido, trabajado y ganado mucho, pero por desgracia tengo poco oro. Una parte de él la he gastado sabiamente, otra la he gastado tontamente y la mayor parte la he perdido de forma imprudente'".

"¿Ustedes todavía creen que es una ironía del destino el hecho de que algunas personas tengan mucho oro y otras no? De ser así, entonces ustedes cometen un error".

"Los hombres tienen mucho oro cuando conocen las Cinco Leyes del Oro y se guían por sus preceptos".

"Debido a que aprendí estas Cinco Leyes en mi juventud y me guio por ellas, me he convertido en un mercader rico. Yo no acumulé mi riqueza por algún tipo de magia extraña".

"La riqueza que rápido viene, rápido se va".

"La riqueza que se queda para brindarle disfrute y satisfacción a su dueño viene de manera gradual, porque no es más que un niño que nace del conocimiento y de un propósito persistente".

"El ganar riqueza no es más que una ligera carga para un hombre reflexivo. El llevar esta carga consistentemente año tras año permite conseguir el propósito final".

"Las Cinco Leyes del Oro les ofrecen a ustedes una gran recompensa si se guían por ellas".

"Cada una de estas Cinco Leyes cuenta con un rico significado y no las repetiré para que ustedes no las pasen por alto en la brevedad de mi relato. Yo las conozco de memoria porque en mi juventud pude apreciar su valor y no estuve conforme hasta aprender cada palabra de ellas:"

LA PRIMERA LEY DEL ORO

El oro viene alegremente y en cantidades cada vez mayores a cualquier hombre que dedique no menos de una décima parte de sus ingresos a crear una patrimonio para su futuro y el de su familia.

"Todo hombre que aparte una décima parte de sus ganancias de manera consistente y lo invierta sabiamente seguramente creará un patrimonio valioso que le brindará ingresos futuros y garantizará seguridad para su familia en el caso de que los Dioses lo llamen al mundo de las tinieblas. Esta ley dice que el oro siempre bendice a esa clase de hombre. Puedo dar fe de ello poniendo como ejemplo mi propia vida. Mientras más oro acumulo, este viene cada vez más en cantidades mayores. El oro que ahorro me produce más oro, tal como el suyo lo hará, y las ganancias de sus ganancias producirán más ganancias. Así es como la primera ley funciona".

LA SEGUNDA LEY DEL ORO

El oro trabaja diligente y satisfactoriamente para el poseedor sabio que le encuentre un uso rentable, multiplicándose como los hacen los rebaños en el campo.

"El oro es un trabajador muy dispuesto. Incluso está más que animado a multiplicarse cuando la oportunidad se le presenta. A todo aquel que tenga una reserva de oro, la oportunidad se le aparecerá para que haga uso del mismo de una manera más rentable. Con el paso de los años, este se multiplicará de una manera increíble".

LA TERCERA LEY DEL ORO

El oro se aferra a la protección de los propietarios precavidos que lo invierten siguiendo el consejo de hombres sabios en la materia.

"Ciertamente, el oro se aferra a los propietarios precavidos de la misma manera que huye de los descuidados. El hombre que busca el consejo de hombres sabios en el manejo de oro pronto aprende a no poner en riesgo su tesoro, sino a preservarlo con seguridad y hacerlo crecer de manera consistente".

LA CUARTA LEY DEL ORO

El oro se escapa de los hombres que lo invierten en negocios o propósitos que no le son familiares o que no son aprobados por aquellos expertos en su manejo.

"El hombre que tiene oro pero no sabe cómo manejarlo, podrá gastarlo en cualquier cosa que considere rentable. Muchas de esas empresas terminan provocando perdidas y, si son analizadas adecuadamente por hombres versados en la materia, muestran poca posibilidad de generar ganancias. Por lo tanto, los propietarios de oro sin experiencia que confían en su propio juicio para invertir en negocios o propósitos que no le son familiares, a menudo se dan cuenta de su error y pagan con oro su ingenuidad. El hombre sabio es aquel que invierte sus tesoros bajo el consejo de aquellos expertos en el manejo de oro".

LA QUINTA LEY DEL ORO

El oro huye de los hombres que pretenden forzarlo a generar rendimientos imposibles, siguen el consejo seductor de embaucadores y confían en su propia inexperiencia y deseos románticos a la hora de invertir.

"Los nuevos propietarios de oro siempre reciben proposiciones fantasiosas que emocionan como historias de aventuras. Estas aparecen para bendecir sus tesoros con poderes mágicos que le permitirán tener ganancias imposibles. Así que les pido que les presten atención a los sabios porque ellos realmente saben los riesgos que acechan tras cada plan que promete gran riqueza de manera repentina".

"No olviden a los hombres ricos de Nínive, los cuales no se arriesgarían a perder su capital o a invertirlo en emprendimientos poco rentables".

"Esto culmina mi historia de las 'Cinco Leyes del Oro'. Al contárselas a ustedes, he revelado los secretos de mi propio éxito".

"Sin embargo, ellas no son secretos sino verdades que todo hombre debe aprender y seguir para escapar de la multitud que, como perros salvajes, tiene que preocuparse todos los días por sobrevivir".

"¡Mañana entraremos a Babilonia! ¡Vean el fuego que arde eternamente sobre el Templo de Bel! Ya la ciudad dorada está a la vista. Mañana, cada uno de ustedes tendrá oro, oro que se han ganado dignamente gracias a sus fieles servicios".

"Dentro de diez años, ¿qué podrán decir de este oro?"

"Si entre ustedes hay personas como Nomasir, que estén dispuestas a utilizar una parte de su oro para crear un patrimonio y seguir a partir de ahora los sabios consejos de Arkad, entonces es una apuesta segura que, en un plazo de diez años, podrán convertirse en personas ricas y respetadas, tal como el hijo de Arkad".

"Nuestras acciones sabias nos acompañan a través de nuestras vidas para complacernos y ayudarnos. Del mismo modo, nuestras acciones insensatas nos siguen para acosarnos y atormentarnos. Por desgracia, ellas no pueden ser olvidadas. En la vanguardia de los tormentos que nos que nos acechan se encuentran los recuerdos de las cosas que deberíamos haber hecho, y las oportunidades que se nos presentaron, pero no aprovechamos".

"Los Tesoros de Babilonia son inmensamente ricos, tan ricos que ningún hombre puede contar su valor en piezas de oro. Cada año esos tesoros crecen y su valor aumenta. Como los tesoros de cualquier territorio, ellos son una recompensa que aguardan por aquellos hombres proactivos que están determinados a obtener su parte".

"En la fuerza de sus propios deseos yace un poder mágico. Si guían este poder con su conocimiento de las 'Cinco Leyes del Oro', podrán disfrutar su parte de *Los Tesoros de Babilonia*".

EL PRESTAMISTA DE ORO DE BABILONIA

¡Cincuenta piezas de oro! Rodan, el fabricante de lanzas de la vieja Babilonia nunca había tenido tanto oro en su bolsa de cuero. El caminaba alegremente por el camino real desde el palacio de Su Majestad. El oro sonaba alegremente mientras la bolsa en su cinturón se balanceaba con cada paso que él daba, lo cual era el sonido más agradable que había escuchado.

¡Cincuenta piezas de oro! ¡Y todas eran suyas! Él apenas podía darse cuenta de su buena fortuna. Tenía mucho poder en esas cincuenta piezas, con ellas él podría comprar cualquier cosa que quisiera: una casa enorme, tierras, ganado, camellos, caballos, cuadrigas y cualquier otra cosa que pudiera desear.

¿En qué debería gastarlas? Mientras caminaba a una calle lateral esa misma noche para dirigirse a la casa de su hermana, él no podía pensar en algo que quisiera poseer más que esas mismas cincuenta piezas de oro brillantes que en ese momento tenía.

En una noche, varios días después, un Rodan perplejo entró a la tienda de Mathon, el prestamista de oro y comerciante de joyas y telas poco comunes. Haciendo caso omiso de los coloridos artículos en exhibición, él caminó directamente a la residencia ubicada en la parte trasera. Allí encontró al gentil Mathon descansando sobre una alfombra y degustando un plato que un esclavo le había servido.

"Vengo a buscar tu consejo porque yo no sé qué hacer". Rodan permaneció de pie impasiblemente con los pies separados y con el vello corporal expuesto por la abertura delantera de su chaqueta de cuero.

La cara espigada y pálida de Mathon esbozó una sonrisa amigable. "¿Qué clase de indiscreciones has cometido para que busques la ayuda de un prestamista de oro? ¿Has sido desafortunado en la casa de apuestas? ¿Acaso te has enredado con alguna mujer para tu infortunio? Te he conocido por muchos años, pero nunca habías buscado ayuda de mi parte para resolver tus problemas".

"No, no. No es eso. Yo no busco oro, son tus sabios consejos lo que realmente busco".

"¡Debo estar oyendo mal! Nadie le pide consejos a un prestamista de oro".

"Tu oídos escucharon bien".

"¿Es así? Entonces Rodan, el fabricante de lanzas, muestras más astucia que el resto de los hombres, porque él no viene a Mathon en busca de oro, sino de consejo. Muchos hombres acuden a mí por oro para pagar sus estupideces, no lo hacen para buscar consejo. Y sin embargo, ¿quién es más apto para aconsejar que el prestamista de oro al que tantos hombres en penurias acuden?"

"Comerás conmigo, Rodan", él continuó. "Serás mi invitado por esta noche. ¡Ando!", le ordenó a su esclavo, "busca una alfombra para mi amigo Rodan, el fabricante de lanzas, el cual acude a mí en busca de consejo. Él será mi invitado especial. Tráele mucha comida y mi copa más grande. Escoge muy bien el vino para que él se sienta satisfecho".

"Ahora dime que te causa pesar".

"Es el regalo del Rey".

"¿El regalo del Rey? ¿El Rey te regala algo y eso te causa molestia? ¿Qué clase de regalo es?"

"Recibí de su parte una recompensa de cincuenta piezas de oro por el diseño de la nueva punta de lanza para la guardia real, lo cual me ha dejado en un estado de perplejidad".

"Se me ruega a cada momento que lo comparta".

"Es natural que haya más hombres que deseen el oro que aquellos que realmente lo poseen. También es natural que aquellos que no lo tienen deseen que quienes lo tienen puedan compartirlo fácilmente. Sin embargo, ¿no es posible que ejerzas tu derecho a negarte? ¿No es tu voluntad igual de poderosa que tus músculos?"

"A varios les puedo decir 'no', aunque algunas veces sería más fácil decir 'sí'. ¿Podría acaso negarme a compartirlo con mi hermana, a la que quiero tanto?"

"Seguramente tu propia hermana no quisiera privarte de disfrutar tu recompensa".

"Pero es en beneficio de Araman, su esposo, al que ella desea ver convertido en un mercader exitoso. Ella siente que él nunca ha tenido una oportunidad y desea que yo le preste mi oro para que pueda convertirse en un próspero comerciante y luego me pague con sus ganancias".

"Mi amigo", habló Mathon, "este es un tema importante el que traes a discusión. El oro le trae a su poseedor responsabilidades y un estatus diferente al de sus pares. Le trae miedo a perderlo o a ser embaucado. Le trae una sensación de poder y habilidad para hacer el bien. Asimismo, le trae oportunidades por las cuales sus buenas intenciones pueden convertirlas en dificultades".

"¿Acaso escuchaste la historia del granjero de Nínive que podía entender el lenguaje de los animales? No es el tipo de historias que suelen contarse en la fragua de un herrero, te la contaré porque debes saber que pedir y prestar dinero es mucho más que solo transferir oro de unas manos a otras".

"Este granjero, que podía entender lo que los animales se decían el uno al otro, se quedaba en la granja cada noche solo para escuchar sus palabras. Una noche él escuchó al buey quejándose con el asno sobre la dureza de su trabajo: 'Trabajo arando la tierra desde el alba hasta el ocaso, sin importar lo caluroso del día, que tan cansadas estén mi patas o que tan fuerte el yugo me presione el cuello. En cambio tú eres una criatura mucho más relajada, a la que se decora con una colorida manta y que no hace más que llevar a su amo a donde le pida. Cuando él no desea ir a ningún lugar, tú solo comes pasto y descansas todo el día'".

"El asno era un buen amigo y simpatizaba con el buey, por lo que le respondió lo siguiente: 'Mi buen amigo, trabajas muy duro y me encantaría ayudarte en tu trabajo. Así que te diré como puedes tener un día de descanso. En la mañana, cuando el esclavo te busque para arar la tierra, acuéstate y brama tan fuerte para que él piense que estás enfermo y no puedes trabajar'".

"Así que el buey tomó el consejo del asno y a la mañana siguiente el esclavo le comunicó al granjero que el buey estaba enfermo y no iba a poder arar la tierra".

"'Entonces', dijo el granjero, 'haz que el asno se encargue de ese trabajo para que así el arado no se detenga'".

"El asno, el cual solo quería ayudar a su amigo, se vio obligado a hacer la tarea del buey. Cuando cayó la noche y pudo descansar del arduo trabajo, le dolían los músculos de su cuello, sus patas estaban cansadas y sentía una gran amargura en su corazón".

"El granjero se quedó en el redil para escuchar lo que decían".

"El buey empezó primero. 'Eres un gran amigo porque gracias a tu sabio consejo he disfrutado de un día entero de descanso'".

"'Y yo', respondió el asno, 'soy como cualquier individuo de buen corazón que empieza a ayudar a un amigo y termina haciendo sus tareas por él. De ahora en adelante, te encargarás del arado porque escuché al amo decirle a su esclavo que buscara al carnicero si te enfermabas de nuevo. Ojalá que lo hiciera, porque eres un holgazán'. A partir de ese momento no se hablaron el uno al otro y su amistad terminó. ¿Puedes decirme la moraleja de esta fábula, Rodan?"

"Es una buena historia, pero no veo ninguna moraleja", respondió Rodan.

"No creí que lo hicieras, pero sí tiene una y es muy simple. Es esta: Si deseas ayudar a tu amigo, hazlo en una forma en la que no tengas que lidiar tú mismo con las cargas de tu amigo".

"No había pensado en ello, pero sí que es una moraleja llena de sabiduría. Yo no deseo asumir las cargas de mi cuñado. Pero dime algo, le prestas dinero a mucha gente... ¿Los que solicitan prestamos no te pagan de vuelta?"

Mathon esbozó una sonrisa que solo poseen aquellos con mucha experiencia en sus almas. "¿Acaso valdría la pena prestar dinero si el que lo solicita no te puede pagar? ¿No crees que el prestamista debería ser lo suficientemente sabio para juzgar cuidadosamente si su oro puede ser de ayuda para aquel que lo solicita y para él mismo mediante los intereses que produzca? ¿O acaso piensas que debería desperdiciarlo y entregárselo a prestatarios insensatos que no lo sepan usar y le produzcan pérdidas tanto a ellos como a los prestamistas? Te mostraré algunas de las garantías de mi cofre para que te cuenten algunas de sus historias".

Él trajo un cofre a la habitación tan largo como su brazo, el cual estaba recubierto con cuero de cerdo rojo y ornamentado con diseños de bronce. Lo colocó en el piso, se inclinó ante él y puso sus manos en la tapa.

"A cada persona a la que le presto dinero le pido que me dé una garantía para mi cofre, la cual mantendré en mi posesión hasta que la deuda quede saldada. Pero si ellos nunca me pagan de vuelta, estas garantías siempre me recordarán quienes le fallaron a mi confianza".

"Los prestamos más seguros, de acuerdo con lo que me dice mi cofre, son aquellos que se hacen a personas cuyas posesiones guardan más valor que los préstamos que desean. Ellos poseen tierras, joyas, camellos u otras cosas que pueden venderse para saldar la deuda. Algunas de las garantías que me han dado son joyas u objetos de más valor que el mismo préstamo. Otras son promesas de que si la deuda no es saldada como se acordó, ellos me entregarán ciertas propiedades. En esta clase de préstamos estoy seguro de que recobraré mi oro junto a los intereses, ya que baso los mismos en el valor de sus propiedades".

"En otra clase tenemos a aquellos que tienen la posibilidad de ganar dinero. Ellos son como tú, personas trabajadores que tienen un salario. Ellos cuentan con ingresos y sin son honestos y no padecen infortunios, estoy seguro de que me pagarán todo el oro que les presté junto a los intereses. Esa clase de préstamos están basados en el esfuerzo humano".

"También existen otros que no tienen ni propiedades ni capacidad de ingreso segura. La vida es dura y siempre habrá individuos que no puedan lidiar con sus dificultades. Por desgracia, aunque los préstamos que yo haga sean pequeños, no puedo darme el lujo de prestar mi oro con los ojos cerrados y arriesgarme a perderlo, a menos que el solicitante sea considerado una persona honorable por sus semejantes".

Mathon abrió el cofre y Rodan se inclinó hacia adelante.

En la parte superior del cofre un collar de bronce yacía sobre una prenda de color escarlata. Mathon recogió la pieza y le dio una palmadita. "Esta siempre permanecerá en mi cofre porque su dueño ya se encuentra en las tinieblas. Atesoro su garantía y su memoria porque él era un buen amigo. Nosotros comerciábamos juntos muy exitosamente hasta que él se casó con una hermosa mujer oriental, ella era preciosa pero diferente a nuestras mujeres, toda una criatura deslumbrante. Él gastó todo su oro tratando de satisfacer sus deseos y vino buscando mi ayuda cuando sus arcas ya estaban vacías. Le aconsejé y le dije que lo ayudaría a controlar sus asuntos financieros, a lo que él me juró por el Gran Toro que lo haría. Sin embargo, eso nunca llegó a pasar porque ella terminó apuñalándolo en el corazón".

"¿Y ella?", preguntó Rodan.

"Oh, cierto. Esto era de ella". Él tomó en sus manos la prenda escarlata. "Debido al fuerte remordimiento que sentía, ella se suicidó en el Éufrates. Estos dos préstamos nunca serán saldados. Este cofre, mi querido Rodan, te dice que los humanos sumidos en emociones fuertes nunca son apuestas seguras para los prestamistas".

"Este es diferente". Mathon sostuvo un anillo tallado a base de hueso de buey. "Esto le pertenece a un granjero a cuya esposa le compro alfombras. Una plaga de langostas acabó con sus cultivos y no tenían comida. Lo ayudé bajo la esperanza de que me pagara de vuelta en la próxima cosecha. Luego él apareció de nuevo y me habló sobre cabras extrañas de una tierra distante que tenían un pelaje tan fino y suave que podía usarse para fabricar las alfombras más hermosas de toda Babilonia. Él quería tener un rebaño pero carecía de dinero, así que le presté oro para que viajara y trajera algunas. Ahora ha empezado a formar su rebaño y el año que viene los señores de Babilonia se sorprenderán con las alfombras más hermosas que puedan comprar. Debo regresar este anillo pronto, ya que él insiste que saldará su deuda conmigo con prontitud".

"¿Algunos prestatarios hacen eso?", preguntó Rodan.

"Si ellos piden dinero prestado para llevar a cabo inversiones y así obtener ganancias, me parece bien. Pero si ellos piden dinero para lidiar con sus indiscreciones, te pido que seas precavido si es que quieres tener tu oro de vuelta".

"Cuéntame la historia de este", dijo Rodan mientras sostenía un pesado brazalete de oro con incrustaciones de joyas preciosas.

"Te interesan mucho las mujeres, amigo mío", bromeó Mathon.

"Todavía soy mucho más joven que tú", respondió Rodan.

"Estoy de acuerdo contigo, pero esta vez sospechas sobre un romance que no existe. La propietaria de este brazalete es una mujer gorda y avejentada. Además, ella habla tanto y dice tan poco que me desquicia. Anteriormente ellos eran buenos clientes y tenían mucho dinero, pero lamentablemente ahora se encuentran en una situación desafortunada. Ella quería convertir a su hijo en un mercader, así que vino y me pidió dinero prestado para que él se pudiera asociar con el dueño de una caravana que viaja con sus camellos comerciando en una ciudad lo que compra en otra".

"No obstante, ese hombre demostró ser un canalla y abandonó al pobre chico en una ciudad lejana sin dinero ni amigos, poniéndose en marcha mientras el joven aun dormía. Quizás este joven me pague cuando haya alcanzado la adultez, pero hasta entonces no he recibido intereses por el préstamo, solo muchas palabras. No obstante, debo admitir que las joyas bien valen el préstamo".

"¿Esta mujer te pidió tu consejo con respecto al uso del préstamo?"

"Lo contrario, ella siempre se imaginó a su hijo como un hombre rico y poderoso de Babilonia. Si le sugería lo contrario, solo la enfurecería y obtendría una reprimenda. Yo conocía los riesgos que el joven correría, pero como ella ofreció seguridad y una buena garantía, no me le pude negar".

"Esto", continuó Mathon, sosteniendo un poco de cuerda atada en un nudo, "pertenece a Nebatur, el comerciante de camellos. Cuando él desea comprar un rebaño de camellos y no cuenta con los fondos suficientes, siempre acude a mí dejando este nudo como garantía y yo le presto dinero de acuerdo con sus necesidades. Él es un comerciante sabio al que le tengo mucha confianza y puedo prestarle oro con libertad. Muchos otros mercaderes de Babilonia tienen mi confianza debido a su conducta honorable, por lo que sus garantías entran y salen de mi cofre con frecuencia. Los buenos mercaderes son un bien para nuestra ciudad y me beneficia ayudarlos para que el comercio en Babilonia se mantenga próspero".

Mathon agarró un escarabajo esculpido en una turquesa y lo arrojó con desprecio al piso. "Un bicho de Egipto. Al joven al que le pertenece no le importa si yo alguna vez tendré mi oro de vuelta. Cuando le reprocho él me responde: '¿Cómo te voy a pagar si la mala suerte me persigue? Además, tú tienes mucho más oro'. ¿Qué puedo hacer?, esta garantía es de su padre, un buen hombre que comprometió sus tierras y su rebaño para apoyar los emprendimientos de su hijo. El joven tuvo éxito al principio, pero luego las ansias por obtener gran riqueza lo afectaron. Su conocimiento era muy inmaduro y sus emprendimientos fracasaron".

"La juventud es ambiciosa y busca atajos para alcanzar la riqueza y las cosas deseables que ésta conlleva. En su afán por lograrla rápidamente, a menudo solicita préstamos de manera imprudente. Sin experiencia previa, no se da cuenta de que una deuda puede convertirse en un pozo profundo del que es difícil salir, y que puede provocar dolor y arrepentimiento. Este agujero oscuro nubla el brillo del sol y hace que las noches sean intranquilas. No obstante, no desaconsejo tomar préstamos de oro, sino que los animo y recomiendo hacerlo con un propósito sabio. Personalmente, logré mi primer éxito como comerciante gracias a un préstamo de oro".

"¿Y que debería entonces hacer el prestamista en ese caso? El joven se encuentra desesperado y no logra conseguir nada. Él se siente desanimado y no hace ningún esfuerzo por pagarme. Mi corazón está en contra de privar a su padre de sus tierras y ganado".

"Estás hablando sobre algo que me interesa escuchar", dijo Rodan, "pero todavía no me has respondido la pregunta. ¿Debería prestar mis cincuenta piezas de oro al esposo de mi hermana? Yo los aprecio mucho".

"Tu hermana es una mujer valiosa a quien le tengo mucha estima. Si su esposo acudiera a mi para pedirme prestado cincuenta piezas de oro, entonces yo le preguntaría en que los va a usar".

"En caso de que él manifestara su interés en seguir mi camino y convertirse en un comerciante especializado en joyas y muebles de alta calidad, me vería en la necesidad de indagar acerca de sus habilidades para negociar, su capacidad para encontrar proveedores que ofrezcan precios competitivos y su destreza para identificar oportunidades de venta rentable. Por lo tanto, me pregunto: ¿consideras que él estaría en la capacidad de responder positivamente a mis cuestionamientos?"

"No, él no podría", admitió Rodan. "Él me ha ayudado mucho en la fabricación de lanzas, así como a otros".

"Entonces yo le diría que su propósito no es sabio. Los comerciantes deben saber comerciar. Aunque su ambición es digna, no le prestaría mi oro porque no le vería futuro a su emprendimiento".

"Imaginemos que, en respuesta a mi consulta, él expresa lo siguiente: 'Efectivamente, he brindado ayuda a otros comerciantes. Conozco el camino hacia Smyrna y cómo conseguir alfombras a bajo costo para las amas de casa. Asimismo, cuento con numerosos contactos adinerados en Babilonia a quienes puedo vender mi mercancía'. Ante esto, yo le respondería: 'Tu objetivo es sensato y tu ambición es encomiable, por lo que estaré encantado de prestarte las cincuenta piezas de oro que requieres, siempre y cuando me asegures que cumplirás con tu obligación de reembolsar tu deuda'. Ahora bien, si su respuesta es: 'No tengo otra garantía de pago más que mi palabra de hombre honrado', yo le contestaría: 'Cada pieza de oro es invaluable para mí. Si sufres un robo en tu camino a Smyrna o te quitan las alfombras de camino de vuelta, no tendrás forma de pagarme y mi oro se habrá perdido'".

"Rodan, el oro es la mercancía de un prestamista. Es fácil de prestar, pero si no se hace sabiamente entonces muy difícilmente se recuperará. El prestamista sabio no desea correr ningún riesgo, solo quiere garantías de que tendrá su dinero de vuelta".

"De acuerdo", prosiguió él, "es nuestra responsabilidad asistir a aquellos que atraviesan dificultades, sin embargo, debemos ser prudentes al ofrecer ayuda, ya que de lo contrario podríamos acabar como el asno del granjero, que al tratar de ayudar, se vio cargando con el peso del buey".

"Sé que me desvié de tu pregunta, Rodan, pero escucha mi respuesta: Mantén tus cincuenta piezas de oro. Lo que tu obtienes por tu trabajo así como las recompensas que te dan son solo tuyas y nadie puede obligarte a compartirlo si no lo deseas. Si tú prestas tu oro con la esperanza de que pueda producir más oro, entonces hazlo con precaución y en varios lugares. A mí me gusta comerciar con mi oro, pero no me gusta tomar riesgos".

"¿Por cuánto tiempo has laborado como fabricante de lanzas?"

"Por tres años".

"¿Cuánto oro has ahorrado aparte de lo que te regaló el Rey?"

"Tres piezas de oro".

"¿En cada año de arduo trabajo te has privado de cosas buenas para ahorrar una pieza de oro?"

"Es así como dices".

"¿Entonces podrías ahorrar cincuenta piezas de oro si continuas trabajando durante cincuenta años?"

"Sí, sería básicamente toda una vida de trabajo".

"¿Acaso crees que tu hermana estaría dispuesta a poner en peligro tus ahorros de cincuenta años para que su esposo pueda experimentar el ser un mercader?"

"No lo haría si le dijera lo que me has dicho".

"Entonces ve y dile: 'He trabajado durante tres años todos los días desde el alba hasta el ocaso, excepto en los días de ayuno, y me he privado de muchas cosas que mi corazón deseaba. Por cada año de trabajo y de privaciones he ahorrado una pieza de oro. Tú eres mi hermana favorita y realmente deseo que tu esposo prospere en sus emprendimientos. Si el me presenta un plan que le parezca sabio y sensato a mi amigo Mathon, entonces yo le prestaré alegremente mis ahorros de un año para que él pueda tener la oportunidad de probarme que puede tener éxito'. Haz eso, y si él tiene la voluntad de lograr lo que anhela, entonces podrá probarlo. En caso de que falle, él no te deberá una cantidad que se le haga imposible pagar".

"Soy un prestamista confiable debido a mi abundancia de recursos financieros que están actualmente excediendo mis necesidades personales. Mi objetivo es poner este excedente de recursos a trabajar para el beneficio de otros, permitiendo así la generación de más ingresos. Sin embargo, no estoy dispuesto a correr riesgos innecesarios con mi riqueza acumulada, la cual he ganado con mucho trabajo y sacrificio personal. En consecuencia, solo consideraré prestar mi dinero a personas que puedan demostrar su capacidad para manejarlo de manera responsable y que puedan garantizar su devolución junto con los intereses acordados. Antes de hacer cualquier préstamo, también me aseguraré de que el prestatario tenga la capacidad de pagar los intereses en el plazo acordado".

"Rodan, te he compartido algunos de los conocimientos reservados en mi cofre de garantías. Espero que a través de ellos puedas comprender las vulnerabilidades de los hombres y su propensión a pedir prestado dinero que no están seguros de pagar. Es evidente cuán frecuentemente sus anhelos de riqueza no son más que ilusiones debido a su inexperiencia o falta de educación".

"Tú, Rodan, ahora tienes oro con el cual poner a producir más oro. Incluso estás a punto de convertirte en un prestamista como yo. Si preservas sabiamente tu tesoro, este producirá muchas ganancias para ti y será una rica fuente de placer y ganancias durante toda tu vida. Pero si tú dejas que se escape, no será más que una fuente de tristeza y pena constante que tu memoria siempre te hará recordar".

"¿Qué es lo que más deseas para el oro en tu bolsa?"

"Mantenerlo a salvo".

"Escucho mucha sabiduría en tus palabras", respondió Mathon, "lo que deseas primero es tener seguridad. ¿Crees que tu oro estaría a salvo bajo la custodia del esposo de tu hermana?"

"Temo que no, él no es muy bueno resguardando oro".

"Entonces no te dejes llevar por sentimientos tontos ni te sientas obligado a confiar tu tesoro a cualquier persona. Si quieres ayudar a tus familiares o amigos, entonces encuentra otras maneras de hacerlo sin arriesgar tu tesoro. No olvides que el oro se esfuma de las manos de mentes inexpertas. *Da lo mismo malgastar tu tesoro en extravagancias que dejar que otros lo pierdan por ti.*

"Además de la seguridad, ¿qué otra cosa deseas?"

"Ganar más oro".

"De nuevo has dicho palabras sabias. Deberías usar tu oro para que tu fortuna aumente. El oro que se presta sabiamente puede incluso duplicarse mediante intereses antes de que un hombre como tú envejezca. Si te arriesgas a perderlo, entonces también te arriesgas a perder todas las ganancias que este podría producir".

"No te dejes llevar por los planes fantásticos de hombres inexpertos que piensan conocer maneras de hacer que el oro produzca ganancias inusualmente grandes. *Tales planes no son más que las creaciones de soñadores inexpertos en las leyes seguras y fiables del comercio.* Sé conservador en lo que esperas ganar para que puedas mantener y disfrutar tu tesoro. El prestarlo bajo la promesa de enormes ganancias es arriesgarse a perderlo".

"Trata de asociarte con hombres y emprendimientos cuyo éxito esté establecido para que tu tesoro pueda crecer bajo su uso adecuado y esté salvaguardado por su sabiduría y experiencia".

"Es así como podrás evitar los infortunios que acechan a la mayoría de los hombres a quienes los Dioses le confían oro".

Cuando Rodan le agradeció por su sabio consejo, él no le escuchó y le dijo lo siguiente: "El regalo del Rey te enseñará mucha sabiduría. Si quieres mantener tus cincuenta piezas de oro, entonces debes ser discreto. Muchas veces te verás tentado a usarlo, muchas veces serás aconsejado y muchas oportunidades te serán ofrecidas para aprovechar tu oro y obtener grandes ganancias. Las historias de mi cofre de garantías deberían motivarte a que recuperes cada pieza de oro que salga de tus bolsillos. Si en un futuro quieres recibir más consejos de mi parte, ven a mí. Te los daré gustosamente".

"Antes de que te vayas, lee lo que grabé en la tapa de mi cofre. Aplica tanto para el prestamista como para el prestatario:"

MÁS VALE UNA PEQUEÑA PRECAUCIÓN QUE UN GRAN ARREPENTIMIENTO

LAS MURALLAS DE BABILONIA

El anciano Banzar, un adusto guerrero de antaño montaba guardia en el callejón que conducía a la parte superior de las antiguas murallas de Babilonia. En la cima de la misma se encontraban defensores valientes que peleaban entre ellos para defender las murallas. El futuro de esta gran ciudad y el de las centenas de miles de sus habitantes recaía en esos valerosos soldados.

Más allá de las murallas se escuchaba el clamor de ejércitos enemigos al ataque, el grito de muchos hombres, el estruendo producido por millares de caballos y el ruido ensordecedor de los arietes golpeando las puertas de bronce.

En la calle ubicadas tras las puertas se apostaban los lanceros a la espera de defender la entrada de la ciudad si las puertas terminaban cediendo. Ellos eran muy pocos para la tarea debido a que el grueso del ejército babilónico se encontraban con su Rey en el este en una campaña contra los elamitas. No se había anticipado un ataque sobre Babilonia en su ausencia, por lo que las fuerzas defensoras eran pequeñas. Inesperadamente, del norte apareció el poderoso ejército asirio y las murallas deberían ser protegidas o Babilonia terminaría siendo destruida.

Alrededor de Banza se arremolinaron una gran cantidad de ciudadanos aterrorizados que desesperadamente buscaban noticias sobre la batalla. Con un profundo asombro veían la gran cantidad de muertos y soldados heridos que eran transportados dentro del callejón o fuera de él.

En ese lugar se encontraba el punto crucial del ataque. Los asirios habían atacado con todas sus fuerzas contra esta sección y puertas de las murallas tras haber dado vueltas alrededor de la ciudad durante tres días.

Los defensores apostados en la parte alta de la muralla peleaban contra las escaleras y plataformas de asalto de los atacantes con flechas, aceite hirviente y lanzas. Por el lado de los atacantes, miles arqueros atormentaban a los babilonios con un constante aluvión de flechas.

El anciano Banzar tenía una posición privilegiada para dar noticias ya que se encontraba muy cerca del conflicto y era el primero en escuchar como los soldados babilonios repelían a los atacantes.

Un mercader entrado en años se acercó a él y con las manos temblorosas le dijo lo siguiente: "¡Dime¡ ¡Dime que ellos no pueden entrar! Mis hijos se encuentran con el buen Rey, por lo que no hay nadie que proteja a mi anciana esposa. Si ellos entran, me robarán todo y no dejarán nada. Estamos viejos, demasiado viejos para defendernos a nosotros mismos y para ser esclavos. Pasaremos hambre y nos moriremos. ¡Por favor, dime que ellos no podrán entrar!"

"Cálmese, buen mercader", respondió el guardia. "Las murallas de Babilonia son fuertes. Regresa al bazar y dile a tu esposa que las murallas los protegerán a ustedes y todas sus posesiones de la misma manera en que protegerán los ricos tesoros del Rey. Manténganse cerca de las murallas, no queremos que sean alcanzados por unas flechas".

Una mujer con un bebé en brazos se le acercó al guardia mientras el anciano se retiraba. "Sargento, ¿qué noticias recibe de arriba? Dígame con certeza que puedo tranquilizar a mi pobre esposo. Él yace en la cama con fiebre debido a sus terribles heridas y todavía insiste en ponerse su armadura y usar la lanza para protegerme a mí, que estoy embarazada. Él dice que la lujuria vengativa de los enemigos será terrible si es que llegan a entrar".

"Esté usted segura, madre de buen corazón que pronto dará a luz de nuevo, que las murallas de Babilonia la protegerán a usted y a sus bebés porque ellas son altas y fuertes. ¿No escucha usted los gritos de nuestros valientes defensores mientras vacían las calderas de aceite hirviente sobre los escaladores?"

"Sí, pero también escucho el sonido de los arietes de asalto que golpean nuestras puertas".

"Regrese con su esposo. Dígale que nuestras puertas son fuertes y soportarán los arietes. También dígale que los pocos escaladores enemigos que logran subir mueren a manos de nuestros lanceros. Tenga cuidado en el camino de vuelta y apresúrese hacia su hogar".

Banzar cedió el paso a los refuerzos altamente armados que se dirigían al callejón, mientras estos pasaban cerca de él con sus escudos tintineantes y su pesada marcha una niña pequeña tiró de su cinturón.

"Soldado, dígame por favor si estamos a salvo", ella preguntó. "Escucho ruidos horribles y veo que todos los hombres sangran. Estoy muy asustada por no saber que será de mi familia, de mi madre, de mi hermanito y del bebé".

El adusto anciano parpadeó y se inclinó hacia adelante para contemplar a la niña.

"No tengas miedo, pequeña", él la tranquilizó. "Las murallas de Babilonia te protegerán a ti, a tu madre, a tu hermanito y al bebé. La buena Reina Semíramis la construyó más de cien años atrás para proteger a personas como ustedes. Además, nadie jamás ha podido penetrarlas. Regresa y diles a tu madre, hermanito y bebé que no deben preocuparse porque las murallas los protegerán".

El anciano Banzar permanecía en su posición día tras día y miraba a los refuerzos caminar en filas hacia el callejón para pelear hasta que murieran o resultaran heridos. A su alrededor se reunían incesantemente grupos de ciudadanos asustados que buscaban saber si las murallas soportarían. A todos siempre le respondía los mismo con la fina dignidad de un soldado, "las murallas de Babilonia los protegerán".

Durante tres semanas y cinco días los adversarios persistieron en su incesante ataque con una violencia implacable. La tensión en la mandíbula de Banzar se acentuaba a medida que la sangre que inundaba el callejón se espesaba con el constante flujo de soldados heridos que subían y bajaban. Con el transcurrir de los días, los cadáveres de los agresores se amontonaban frente a las murallas. Cada noche, sus compañeros los recogían y los sepultaban.

En la quinta noche de la cuarta semana el clamor disminuyó. Al día siguiente, los primeros rayos del sol iluminaron las llanuras y mostraron enormes nubes de polvo levantadas por la retirada del ejército enemigo.

Las voces de los guardianes de las murallas resonaron con júbilo, lo que provocó un eco por parte de las unidades apostadas tras ellas y de los habitantes que transitaban las calles.

La felicidad se apoderó de la ciudad como una tormenta violenta. No cabía ninguna incertidumbre, el adversario había sido derrotado.

La gente salió de sus hogares y saturó las vías con una vibrante felicidad. El gran temor acumulado durante varias semanas encontró su final en un desenfrenado coro de júbilo. En la elevada torre del Templo de Bel se encendieron las llamas del triunfo y el humo añil que emanaba transportaba el mensaje de la victoria a todos los rincones.

Las murallas de Babilonia habían repelido una vez más a un enemigo poderoso y feroz determinado a robar sus riquezas y a esclavizar a sus ciudadanos.

Babilonia perduró siglo tras siglo porque se encontraba *completamente protegida*. No se podía permitir lo contrario.

Las murallas de Babilonia fueron un extraordinario ejemplo de la necesidad y anhelo del ser humano por obtener seguridad. Esta aspiración es intrínseca a la especie humana y sigue siendo tan sólida hoy en día como lo fue en el pasado. No obstante, en la actualidad, hemos concebido mejores estrategias para lograr el mismo objetivo.

A la fecha presente, mediante las impenetrables fortificaciones de los servicios de seguros, las cuentas bancarias de depósito y las inversiones seguras, podemos salvaguardarnos de las calamidades imprevistas que pudieran aparecer en cualquier momento.

NO PODEMOS DARNOS EL LUJO DE ESTAR SIN UNA PROTECCIÓN ADECUADA

EL MERCADER DE CAMELLOS DE BABILONIA

Cuanto más hambre se tiene, mejor funciona la mente, y también más aumenta la sensibilidad a los olores de la comida.

Tarkad, el hijo de Azure, pensaba así. Él no había probado comida por dos días completos a excepción de dos pequeños higos robados del muro de un jardín. No le dio tiempo de robar otro porque la dueña del jardín molesta se dio cuenta de su crimen y lo persiguió por la calle. Sus fuertes gritos aun resonaban en sus oídos mientras caminaba por el mercado. El mero recuerdo de ellos hizo que lo pensara muy bien antes de intentar robar las tentadoras frutas que abundaban en los cestos de las vendedoras.

Tampoco se había dado cuenta de la gran cantidad de comida que habían traído a los mercados de Babilonia y cuan bien olía. Al salir del mercado, él caminó hacia la posada y paseó al frente del restaurante. Quizá en ese lugar podría verse con alguien que lo conociera y que estuviera dispuesto a prestarle una pieza de cobre que le permitiera pagarle al posadero. Él sabía que no sería muy bienvenido en la posada si no tenía dinero con el cual pagar su estadía.

Mientras pensaba profundamente, él se topó inesperadamente cara a cara con el hombre que menos quería ver, Dabasir, el alto y huesudo comerciante de camellos. De entre todos los amigos y demás personas a las que él le debía dinero, Dabasir era el que más le reprochaba debido a su constante fracaso al mantener sus promesas y pagar a tiempo.

La cara de Dabasir se iluminó con solo verlo. "¡Ja! Pero si es mi querido amigo Tarkad, al que he estado buscando para que me pague las dos piezas de cobre que le presté hace un mes y también la pieza de plata que le presté incluso antes. Nos hemos encontrado, creo que puedo hacer un buen uso hoy de las monedas que me debes. ¿Qué me dices, chico? ¿Qué me dices?"

Tarkad tartamudeó y su cara se sonrojó. Él estaba tan hambriento que no tenía fuerzas ni valor para discutir con el franco Dabasir. "Lo siento mucho", balbuceó, "pero el día de hoy no tengo ni el cobre ni la plata para pagarte".

"Entonces obtenlo", Dabasir insistió. "Con seguridad podrás obtener unas pocas monedas de cobre y una pieza de plata para pagar la generosidad de un buen amigo de tu padre que te ayudó cuando más lo necesitabas".

"No te he podido pagar porque la mala suerte me persigue".

"¡¿La mala suerte?! No culpes a los Dioses por tus propias flaquezas. La mala suerte persigue a todo hombre que piensa más en pedir prestado que en pagar. Ven conmigo mientras como, chico. Estoy hambriento y me gustaría contarte una historia".

Tarkad se estremeció debido a la franqueza brutal de Dabasir, pero al menos él lo había invitado a comer en el restaurante.

Dabasir lo invitó a sentarse en pequeñas alfombras ubicadas en una esquina alejada de la sala.

Cuando Kauzlor, el propietario, apareció sonriendo, Dabasir se dirigió a él con su elocuencia usual, "Lagarto gordo del desierto, tráeme una pierna de cabra bien asada y con mucho jugo, pan y vegetales porque estoy hambriento y quiero comer mucho. No olvides a mi amigo aquí. Tráele una jarra de agua fría porque hace mucho calor".

El corazón de Tarkad se encogió. Él debía sentarse allí y beber agua mientras veía a aquel hombre comerse una pierna entera. Él no dijo nada ni pensó en algo que pudiese decir.

Sin embargo, Dabasir no sabía lo que era el silencio. Tras sonreírle y saludar a los otros clientes que le conocían, él continuó.

"Escuché una historia que me contó un viajero que acaba de regresar de Urfa sobre un hombre rico que tiene una piedra tallada tan delgada que se puede ver a través de ella. Él la puso en el techo de su casa como protección contra las lluvias. De acuerdo con lo que este viajero relata, dice que es de color amarillo y tras ver a través de ella el mundo le parecía extraño y diferente a como realmente es. ¿Qué piensas de eso, Tarkad? ¿Crees que un hombre pudiera percibir el mundo con un color distinto al que realmente tiene?"

"Me atrevería a decir que sí", respondió el joven que se encontraba mucho más interesado en la pierna de cabra que se encontraba al frente de Dabasir.

"Bueno, yo sé que es cierto poque yo mismo he visto el mundo de un color distinto al que realmente es. Esta historia que te contaré narra como pude verlo de nuevo en su color verdadero".

"Dabasir contará una historia", susurró un comensal vecino a otro mientras acercaba su alfombra. Otros comensales acercaron sus platos y se arremolinaron formando un semicírculo. Tarkad los oyó masticar con fuerza y notó como lo rozaban levemente con sus huesos carnosos. Él era el único que se encontraba sin comida. Dabasir no le ofreció nada, ni siquiera un pequeño trozo de pan duro que había caído de la bandeja al piso.

"La historia que voy a narrar", empezó Dabasir, pausando para morder un buen trozo de la pierna de cabra, "trata sobre mi juventud y como me convertí en un mercader de camellos. ¿Alguno de ustedes sabe que yo una vez fui esclavo en Siria?"

Murmullos de sorpresa se escucharon en la audiencia, lo cual le dio mucha satisfacción a Dabasir.

"Cuando era joven", continuó Dabasir tras morder otro trozo de la pierna de cabra, "aprendí el oficio de mi padre, la fabricación de sillas de montar. Yo trabajaba con él en su taller y me casé. Debido a ser joven y algo inexperto solo podía ganar lo suficiente para sostener a mi amada esposa. Yo deseaba muchas cosas que no podía tener y pronto me di cuenta que los comerciantes me permitirían pagar después por artículos que se me hacían imposibles pagar en el momento".

"Debido a ser joven e inexperto, no entendía que gastar más dinero del que se gana puede llevar a comportamientos indulgentes y que, a su vez, pueden acarrear dificultades y situaciones humillantes en el futuro. Di rienda suelta a mis caprichos por tener finas ropas y compré objetos lujosos para mi esposa y hogar, a pesar de que mis ingresos eran escasos".

"Pagué tanto como pude y por un momento las cosas estuvieron bien. Pero con el paso del tiempo descubrí que no podía usar mis ingresos para vivir y pagar mis deudas. Los acreedores empezaron a perseguirme para que pagara por mis compras extravagantes y mi vida se volvió miserable. Yo les pedía dinero prestado a mis amigos, pero tampoco les podía pagar de vuelta. Las cosas empeoraron, mi esposa decidió regresar con su padre y yo decidí dejar Babilonia por otra ciudad donde pudiera tener mejores oportunidades".

"Durante dos años trabajé sin descanso ni éxito para comerciantes de caravanas. En esa época me relacioné con un grupo de asaltantes que exploraban el desierto en búsqueda de caravanas desprotegidas. Tales acciones no eran dignas del hijo de mi padre, pero yo estaba viendo el mundo a través de coloridas gemas y no me di cuenta de lo bajo que yo había caído".

"Tuvimos éxito en nuestro primer viaje y capturamos un rico cargamento de oro, seda y mercancía valiosa. Nos llevamos este botín a Ginir y lo dilapidamos".

"No tuvimos tanta suerte la segunda vez. Después de que habíamos capturado un cargamento, fuimos atacados por lanceros de un jefe local a quienes las caravanas le pagaban por protección. Nuestros dos lideres fueron asesinados y el resto de nosotros fue llevado a Damasco, donde nos quitaron nuestras ropas y vendieron como esclavos".

"Un jefe tribal sirio me compró por dos piezas de plata. Con mi cabeza rapada y solo un taparrabos, yo no era diferente a otros esclavos. Al ser un joven imprudente, yo veía todo lo que me ocurría como una aventura hasta que mi amo me llevó con sus cuatro esposas y les dijo que podían tenerme como eunuco".

"En ese momento me di cuenta de lo desesperanzador de mi situación. Estos hombres del desierto eran fieros y guerreros, por lo que estaba completamente sujeto a su voluntad y no tenía forma de escapar".

"Yo estaba tembloroso mientras estas mujeres me miraban. Me preguntaba si ellas podrían apiadarse de mí. Sira, la primera mujer y quien era mayor que las demás, me miraba impasiblemente y me aparté de ella con poco consuelo. La siguiente era una belleza desdeñosa que me miraba con indiferencia como si yo no fuese más que un gusano. Las dos más jóvenes se reían como si todo no fuese más que una broma emocionante".

"Pareció trascurrir una eternidad mientras yo esperaba mi sentencia. Cada mujer esperaba que alguna de las otras decidiera. Finalmente, Sira habló con frialdad".

"'Tenemos muchos eunucos, pero nos hacen falta cuidadores de camellos, solo tenemos unos pocos y son insignificantes. Hoy quiero visitar a mi madre enferma y no hay ningún esclavo a quien confiarle mi camello. Pregúntale a este esclavo si puede guiar a un camello'".

"Mi amo me preguntó a continuación, '¿qué sabes tú de camellos?'"

"Tratando de ocultar mi ansiedad, le respondí: 'Puedo hacer que se inclinen, puedo poner cargamento en sus lomos y puedo guiarlos durante largos viajes sin cansarme. De ser necesario, puedo reparar sus ornamentos'".

"'El esclavo aparenta saber lo suficiente', observó mi amo. 'Si así lo deseas, Sira, haz que este hombre cuide tus camellos'".

"Así que se día me entregaron a Sira y me encargué de guiar su camello en un largo viaje para visitar a su madre enferma. Aproveché la ocasión para agradecerle por su intercesión y también le dije que yo no había nacido esclavo, sino que era el hijo de un hombre libre, un honorable fabricante de monturas de Babilonia. También le conté mucho de mi historia. Sus comentarios fueron desconcertantes y mucho tiempo después medité sobre sus palabras".

"'¿Cómo puedes considerarte a ti mismo como un hombre libre si tus propias debilidades te han causado esto? Si un hombre tiene en su interior el alma de un esclavo, ¿acaso no se convertirá en uno sin importar si nació libre, del mismo modo que el agua busca su nivel? Si un hombre tiene en su interior el alma de un hombre libre, ¿acaso no se convertirá en alguien respetable y honorable en su propia ciudad a pesar de sus infortunios?'"

"Fui esclavo por más de un año y viví con ellos, pero no me pude convertir en uno de ellos. Sira me preguntó un día lo siguiente: 'En las noches mientras los otros esclavos se reúnen y disfrutan de la compañía del otro, ¿por qué te quedas solo en tu tienda?'"

"A lo cual le respondí: 'Estoy meditando lo que me dijiste. Me pregunto si tengo el alma de un esclavo. No puedo unirme a ellos, así que me debo alejar'".

"'Yo también me debo alejar', ella me dijo. 'Mi señor se casó conmigo debido a mi gran dote, pero él no me desea. Lo que toda mujer quiere es ser deseada. Debido a lo anterior y al hecho de que soy infértil y no le he dado un hijo, me debo alejar. Si yo fuera un hombre me moriría antes que ser un esclavo, pero las convenciones de nuestra tribu convierten a las mujeres en esclavas'".

"'¿Qué piensas de mi ahora?' Le pregunté de repente. '¿Crees que tengo alma de hombre o de esclavo?'"

"'*¿Tienes el deseo de pagar las deudas que tienes en Babilonia?* ', ella respondió".

"Sí tengo el deseo, pero no veo la forma".

"Si dejaste que los años pasaran y no hiciste ningún esfuerzo por pagar, entonces tienes el alma despreciable de un esclavo. Tu manera de actuar evita que yo piense lo contario porque *aquel que no paga sus deudas no puede respetarse a sí mismo*".

"¿Pero qué puedo hacer yo si solo soy un esclavo en Siria?"

"Seguir siendo esclavo en Siria, hombre pusilánime".

"'No soy un pusilánime', lo negué con fiereza".

"Entonces pruébalo".

"¿Cómo?"

"¿Acaso tu gran Rey no batalla contra sus enemigos en cada forma que puede y con todo lo que tiene? Tus deudas son tus enemigas y te corrieron de Babilonia. Las dejaste solas y crecieron tan fuertes que no pudiste lidiar con ellas. Si hubieses peleado contra ellas como todo un hombre, las habrías conquistado y hubieses sido un hombre honorable entre los ciudadanos de tu ciudad. Pero no tuviste las agallas para pelear contra ellas y no te ha quedado más que ver como tu orgullo se ha desvanecido hasta convertirte en un esclavo en Siria".

"Yo pensé mucho sobre sus acusaciones desagradables y me imaginé muchas palabras defensivas para probarle que yo no era un esclavo en el fondo de mi corazón, pero no tuve la oportunidad de usarlas. Tres días después la criada de Sira me llevó con su señora".

"'Mi madre se enfermó de nuevo', ella dijo. 'Ensilla los dos mejores camellos en el rebaño de mi esposo. Prepara pellejos de agua y varias alforjas para un largo viaje. La criada te dará tu comida en la cocina'. Preparé los camellos preguntándome porque la criada me pidió cargarlos con tantas provisiones ya que la madre vivía a menos de un día de camino. La criada montaba el camello trasero y yo guiaba el camello de mi señora. Ya era de noche cuando llegamos a la casa de su madre. Sira despachó a su criada y me dijo lo siguiente:"

"'*Dabasir, ¿tienes el alma de un hombre libre o de un esclavo?*'"

"'El alma de un hombre libre', le insistí".

"Ahora es tu oportunidad de probarlo. Tu amo se encuentra profundamente borracho y sus oficiales están aturdidos. Toma estos camellos y aprovecha para escapar. En esta bolsa podrás encontrar ropa de tu amo para que te puedas disfrazar. Por mi parte diré que te robaste los camellos y escapaste mientras yo visitaba a mi madre enferma".

"'Usted tiene el alma de una reina', le dije. 'Ojala yo pudiera conducirle a la felicidad'".

"'La felicidad', ella me respondió, 'no aguarda por una esposa fugitiva que la busca en tierras lejanas entre personas extrañas. Sigue tu propio camino y que los Dioses del desierto te protejan porque tu destino es lejano y no conseguirás ni comida ni agua en la ruta'".

"No necesitaba que me insistiera más, le agradecí cálidamente y para la noche ya me encontraba lejos. Yo no conocía este extraño país y apenas tenía una idea vaga de la dirección en la cual se encontraba Babilonia, pero decidí movilizarme valerosamente a través del desierto hacia las colinas. Yo montaba un camello y guiaba al otro. Viajé toda esa noche y el día siguiente urgido por el conocimiento del terrible destino que les esperaba a los esclavos que robaban las propiedades de su amo e intentaban escapar".

"Al final de esa tarde me encontraba en un país tan inhabitable como el desierto mismo. Las rocas puntiagudas dejaban moretones en las patas de mis fieles camellos y cada vez se desplazaban con mayor lentitud. No me encontré con ningún hombre o animal y pronto entendí por qué ellos evitaban esta tierra inhóspita".

"Fue un viaje tan extremo que muy pocos hombres vivirían para contarlo. Día tras día el trayecto se nos hacía más difícil y se nos acababa el agua y la comida. El calor del sol era insoportable. Al final del noveno día, me caí del camello con la sensación de que era muy débil para montarme de nuevo y moriría en un país abandonado".

"Me estiré en el suelo y dormí hasta despertarme con los primeros rayos del sol".

"Me senté y mire a mi alrededor. El aire de la mañana era fresco y mis camellos yacían abatidos no muy lejos de mí. A mi alrededor solo podía ver un vasto territorio cubierto de rocas, arena y cosas puntiagudas. No había señales de agua ni de algo que un humano o camello pudiera comer".

"¿Acaso iba a encontrar la muerte en este paraje solitario y pacifico? Mi mente nunca había estado más clara y sentía que mi cuerpo ya no tenía importancia. Mis labios resecos y sangrantes, mi lengua seca e hinchada y mi estómago vacío ya no agonizaban como el día anterior".

"Miré hacia la distancia y de nuevo me pregunté a mí mismo si tenía el alma de un esclavo o de un hombre libre. *Entonces con claridad de mente me di cuenta de que si yo tuviera el alma de un esclavo, entonces debería rendirme, yacer en el desierto y morir, lo cual sería un final adecuado para un esclavo fugitivo*".

"Pero si yo tuviera el alma de un hombre libre, ¿entonces que haría? Seguramente forzaría mi regreso a Babilonia, saldaría mi deuda con aquellos que habían confiado en mí, le daría felicidad a mi querida esposa y les traería paz y alegría a mis padres".

"Sira me había dicho que mis deudas eran las enemigas que me habían corrido de Babilonia. Sí, ella tenía razón. ¿Por qué me había negado a comportarme como un hombre? ¿Por qué había permitido que la esposa que realmente me amaba se fuera con su padre?"

"Después ocurrió algo extraño. El mundo parecía tener un color diferente, como si hubiera estado viéndolo a través de una gema que había sido retirada de repente. Finalmente, sentí que veía los verdaderos valores de la vida".

"¿Morir en el desierto? ¡Jamás! Gracias a esa nueva visión me di cuenta de las cosas que debía hacer. En primer lugar regresaría a Babilonia para encarar a todo hombre al que le debiera dinero. Tenía que decirles que tras años de infortunio y desvíos, yo había regresado para pagar mis deudas tan pronto como me lo permitieran los Dioses. Lo siguiente que debía hacer era establecer un hogar para mi esposa y convertirme en un ciudadano que enorgulleciera a sus padres".

"Mis deudas eran mis enemigos, pero los hombres a los que yo les debía eran mis amigos porque habían confiado y creído en mí".

"Apenas podía caminar. ¿Pero acaso importaba el hambre? ¿Acaso importaba la sed? No eran más que pequeños incidentes en la ruta a Babilonia. *En mi interior surgió el alma de un hombre libre regresando a conquistar sus enemigos y recompensar a sus amigos.* Estaba emocionado y sentía una gran determinación".

"Los ojos de mis camellos brillaron al escuchar el nuevo ánimo en mi voz ronca. Tras muchos intentos y con gran esfuerzo, ellos lograron ponerse de pie. Con una perseverancia lastimera, ellos me acompañaron hacia el norte, dentro de mí había algo que me decía que en esa dirección encontraría a Babilonia".

"Encontramos agua y pasamos a través de tierras fértiles donde conseguimos frutos y pasto. Hallamos el camino a Babilonia porque el alma de un hombre libre se enfrenta a los problemas de la vida y los resuelve, mientras que el alma de un esclavo piensa que no puede hacer nada por su condición".

"¿Y qué de ti, Tarkad? ¿Tu estómago vacío hace que se te aclare la mente? ¿Estás preparado para tomar el camino de vuelta al autorrespeto?¿Puedes ver el mundo en su verdadero color? ¿Deseas pagar todas tus deudas en Babilonia independientemente de cuantas sean y ser considerado de nuevo un hombre respetable entre tus pares?"

Los ojos del joven se llenaron de lágrimas. Luego se levantó y dijo: "Me has mostrado una visión y ya siento como el alma de un hombre libre surge dentro de mí".

"¿Pero cómo te fue a tu regreso?", preguntó un oyente bastante interesado.

"El camino puede encontrarse donde hay determinación". Respondió Dabasir. "Ahora tenía la determinación, así que me puse en marcha para encontrar un camino. Lo primero que hice fue visitar a todo hombre al que le debía dinero y rogarles que me tuvieran paciencia hasta que yo pudiera ganar el dinero suficiente para pagarles. La mayoría me recibió amablemente, varios me recriminaron y otros se ofrecieron a ayudarme. Uno incluso me dio la ayuda que necesitaba, hablo de Mathon, el prestamista. Tras enterarse de que yo había sido un cuidador de camellos en Siria, me envió con el anciano Nebatur, el comerciante de camellos. Nebatur había sido recientemente comisionado por nuestro buen Rey para comprar muchos rebaños de camellos para la gran expedición. Aproveché mis conocimientos sobre camellos al trabajar para él y gradualmente fui capaz de pagar cada pieza de cobre y de plata que debía. Al final de cuentas pude ser capaz de tener la cabeza en alto y sentir que era un hombre honorable entre los ciudadanos de Babilonia".

Dabasir se volvió hacia su comida de nuevo. "Kauskor, caracol", gritó con fuerzas para que lo escucharan en la cocina, "esta comida está fría. Tráeme más carne fresca del asador.

Ah, y también trae una ración grande para Tarkad, el hijo de mi viejo amigo. Él está hambriento y comerá junto a mí".

Así terminó el relato de Dabasir, el mercader de camellos de la antigua Babilonia. Él encontró su propia alma cuando se dio cuenta de una gran verdad, una verdad que había sido conocida y usada por hombres sabios mucho antes que él.

Esta verdad ha guiado a hombres de todas las edades a superar dificultades y a ser exitosos, y lo seguirá haciendo para aquellos que tengan la sabiduría de entender su poder mágico. *Está al alcance de cualquier hombre que lea estas líneas:*

EL CAMINO PUEDE ENCONTRARSE DONDE HAY DETERMINACIÓN

LAS TABLILLAS DE ARCILLA DE BABILONIA

St. Swithin's College
Nottingham University
Newark-on-Trent
Nottingham

21 de octubre de 1934

Profesor Franklin Caldwell
Expedición Científica Británica
Hillah, Mesopotamia

Estimado Profesor:

Recibí con gran interés las cinco tablillas de arcilla que llegaron junto con su carta, provenientes de su reciente excavación en las ruinas de Babilonia. Pasé muchas horas fascinado traduciendo sus inscripciones y debo decir que no me decepcionaron en absoluto. Agradezco su cuidado en conservarlas y empaquetarlas adecuadamente, ya que llegaron sin daños.

Espero que quede igualmente asombrado que yo al enterarse de la fascinante historia que estas tablillas revelan en nuestro laboratorio. A menudo se espera que el pasado lejano hable de romance y aventuras, como en "Las mil y una noches". Sin embargo, estas tablillas revelan un problema muy real de la vida cotidiana en la antigua Babilonia, en el que una persona llamada Dabasir tuvo que saldar sus deudas.

Es interesante notar que, a pesar de los cinco mil años transcurridos desde entonces, las condiciones sociales y económicas parecen haber cambiado poco. A título personal, debo admitir que estas inscripciones me han dejado perplejo, incluso como profesor universitario que se supone posee un conocimiento práctico de la mayoría de las materias.

Me resulta curioso que este viejo amigo de las polvorientas ruinas de Babilonia pueda ofrecerme una solución financiera que nunca había considerado antes para saldar mis deudas y adquirir oro para mi cartera. Es tentador comprobar si su método sigue funcionando tan bien hoy en día como lo hizo en la antigua Babilonia. La Sra. Shrewsbury y yo pensamos poner en práctica su plan en nuestros propios asuntos, que a decir verdad podrían mejorar significativamente.

Le deseo todo lo mejor en su meritoria empresa y espero con impaciencia la oportunidad de ayudarlo en el futuro.

Atentamente,
Alfred H. Shrewsbury,
Departamento de Arqueología

TABLILLA NO. I

En este momento, bajo la brillante luz de la luna llena, yo, Dabasir, quien ha retornado recientemente a Babilonia tras escapar de la esclavitud en Siria y con la decisión firme de saldar todas mis deudas para convertirme en un hombre honorable, registro con diligencia mis asuntos sobre esta arcilla. Aspiro a que este escrito sea una guía que me lleve a cumplir mis más anhelados deseos.

Siguiendo el sabio consejo de mi buen amigo Mathon, el prestamista de oro, me he comprometido a seguir un plan detallado que, según él, me ayudará a pagar mis deudas y me llevará por el camino de la honradez y el respeto propio.

Este plan contempla tres objetivos que albergan mis más profundos anhelos y aspiraciones.

En primer lugar, el PLAN tiene en cuenta mi futura prosperidad financiera.

Por ello, guardaré una décima parte de todo lo que gane. Las palabras de Mathon son sabias y ciertas:

"El hombre que guarda oro y plata en su bolsa, sin tener necesidad de gastarlo, es bueno para su familia y leal a su Rey".

"El hombre que lleva consigo solo unas pocas piezas de cobre es indiferente a su familia y a su Rey".

"Pero el hombre que no tiene nada en su bolsa es cruel con su familia y desleal a su Rey, porque su propio corazón es amargo".

"Por tanto, el hombre que aspira al éxito debe tener monedas que tintineen en su bolsa, porque esto muestra que ama a su familia en su corazón y es leal a su Rey".

En segundo lugar, si sigo este PLAN, podré mantener y vestir a mi amada esposa, quien lealmente ha vuelto a mi lado tras regresar de la casa de su padre. Mathon dice que el cuidado de una esposa fiel llena el corazón del hombre de autoestima y fortaleza para cumplir sus objetivos.

Por ello, destinaré siete décimas partes de mis ingresos para proporcionar un hogar, vestimenta y alimentos para nosotros, y utilizaré un poco más para gastos adicionales, de manera que nuestras vidas puedan tener placer y disfrute. No obstante, tendré extremo cuidado de no gastar más del 70% de mis ingresos en estos nobles propósitos, ya que aquí radica el éxito del PLAN.

Debemos vivir dentro de nuestras posibilidades y nunca adquirir bienes que no podamos pagar con lo que ganamos.

TABLILLA NO. II

Tercero, el PLAN me asegura que mis deudas serán saldadas con mis ingresos.

Por lo tanto, cada vez que la luna esté llena, las dos décimas partes de todos mis ingresos serán divididas honorable y justamente entre aquellos que confiaron en mí y con quienes contraje deudas. De esta manera pagaré todas mis deudas a su debido tiempo.

Por consiguiente, grabo en esta tableta el nombre de todo hombre al que le debo dinero, así como el monto adeudado.

Fahru, el tejedor: 2 piezas de plata, 6 piezas de cobre.

Sinjar, el fabricante de sillones: 1 pieza de plata.

Ahmar, mi amigo: 3 piezas de plata, 1 pieza de cobre.
Zankar, mi amigo: 4 piezas de plata, 7 piezas de cobre.
Askamir, mi amigo: 1 pieza de plata, 3 piezas de cobre.
Harinsir, el joyero: 6 piezas de plata, 2 piezas de cobre.
Diarbeker, el amigo de mi padre: 4 piezas de plata, 1 pieza de cobre.
Alkahad, el arrendador: 14 piezas de plata.
Mathon, el prestamista de oro: 9 piezas de plata.
Birejik, el granjero: 1 pieza de plata, 7 piezas de cobre.

(La tablilla se desintegró de aquí en adelante, por lo que no se puede descifrar su contenido).

TABLILLA NO. III

En total les debo ciento diecinueve piezas de plata y ciento cuarenta y una piezas de cobre a estos acreedores. Debido a que yo debía estas sumas y no veía manera de pagar, permití tontamente que mi esposa regresara a la casa de su padre y abandoné mi ciudad natal para hallar riqueza fácil en otra parte. Lo que en realidad encontré fue desastre y esclavitud.

Ahora que Mathon me mostró como puedo saldar mis deudas en pequeñas sumas a partir de mis ingresos, es que me doy cuenta de cuan estúpido fui al escapar de las consecuencias de mis extravagancias.

Por tanto, he visitado a mis acreedores para explicarles mi situación actual, que no dispongo de recursos para saldar mis deudas, excepto mi capacidad de generar ingresos. Les he comunicado mi intención de destinar un veinte por ciento de mis ingresos para comenzar a saldar mis obligaciones de forma honesta y justa, siendo este el máximo que puedo pagar actualmente. Les he pedido paciencia y comprensión para poder cumplir con todas mis obligaciones en el transcurso del tiempo.

Mi amigo Ahmar me insultó fuertemente, lo que me obligó a salir de su casa sintiéndome humillado. Posteriormente, el granjero Birejik me exigió que le pagara primero a él, ya que necesitaba el dinero con urgencia. Además, el arrendador Alkahad no mostró mucha disposición a ser comprensivo y me advirtió que tendría problemas si no pagaba mi deuda de manera pronta.

El resto aceptó voluntariamente mi propuesta. Por lo consiguiente, me siento más determinado que nunca de llevar a cabo este propósito al estar convencido de que es más fácil pagar nuestras deudas que tratar de evitarlas. Si bien no puedo satisfacer las necesidades y demandas de algunos de mis acreedores, lidiaré imparcialmente con todas.

TABLILLA NO. IV

La luna llena ha vuelto a aparecer en el cielo. He trabajado arduamente, con la mente clara y enfocada en mi objetivo. Mi amada esposa me ha brindado su apoyo incondicional en mi determinación de saldar mis deudas con los acreedores. Gracias a nuestra sabia estrategia, he logrado adquirir diecinueve piezas de plata en la última luna, mediante la compra de camellos fuertes y saludables para Nebatur.

He dividido mis ingresos de acuerdo con el PLAN. He apartado una décima parte para mí, he apartado siete décimas partes para pagar mis gastos y los de mi esposa, y he destinado dos décimas partes para pagar a mis acreedores de manera justa con piezas de cobre.

No vi a Ahmar, pero su esposa recibió mi pago. Birejik estaba tan complacido que besó mi mano. El anciano Alkahad estaba malhumorado y me instó a pagar más rápido. En respuesta, le dije que solo podría hacerlo si dejaba de preocuparme por mi alimentación y otras necesidades. El resto del grupo me agradeció y hablaron bien de mis esfuerzos.

Así que al final de una luna, mi deuda total se redujo en casi cuatro piezas de plata y poseo además casi dos piezas de plata que nadie puede reclamarme. Tenía tiempo que no sentía mi corazón tan ligero.

~ ~ ~

Hoy es noche de luna llena y, aunque he trabajado arduamente, no he tenido mucho éxito. Solo pude adquirir unos pocos camellos y gané apenas once piezas de plata. A pesar de ello, mi esposa y yo hemos perseverado en nuestro plan, aunque no hemos podido darnos el lujo de comprar vestimentas ni de comer algo más que unas pocas hierbas. Como de costumbre, aparté una décima parte de las once piezas para nosotros, mientras vivíamos con apenas siete décimas partes. Sorprendentemente, Ahmar y Birejik elogiaron mi esfuerzo por pagarles, incluso cuando la cantidad fue mínima. Alkahad, por otro lado, estalló en furia, pero cuando le dije que regresara su parte si no la deseaba, se calmó. Los demás estuvieron conformes con el pago.

~ ~ ~

Una vez más, la luna llena ilumina mi camino y me llena de alegría. Tuve la suerte de encontrar un rebaño de camellos de excelente calidad, del cual pude comprar varios ejemplares que me permitieron obtener una ganancia de veinticuatro piezas de plata. Gracias a esto, mi esposa y yo pudimos adquirir la ropa y sandalias que necesitábamos hacía tiempo. Además, disfrutamos de una deliciosa cena con carne y pollo de buena calidad.

Pagamos más de ocho piezas de plata a nuestros acreedores. Incluso Alkahad no puso ninguna objeción.

El PLAN es grandioso porque nos libra de las deudas y nos permite atesorar riqueza solo para nosotros.

Han transcurrido tres ciclos lunares desde la última vez que escribí en esta tablilla. En cada ciclo lunar, reservé una décima parte de mis ganancias para mí mismo y el resto, es decir, siete décimas partes, fueron utilizadas para cubrir nuestros gastos familiares, incluso en los momentos más difíciles. Asimismo, destiné dos décimas partes de mis ingresos en cada ciclo lunar para pagar a los acreedores.

En mi bolsa ahora tengo veintiún piezas de plata que son completamente mías. Hoy en día esta me permite caminar orgullosamente con la frente en alto entre mis amigos.

Mi esposa cuida bien de nuestra casa y se está vistiendo adecuadamente. Estamos felices de vivir juntos.

El valor del PLAN es inestimable, ¿no ha logrado acaso transformar a un exesclavo en un hombre honorable?

TABLILLA NO. V

La luna brilla en lo alto del cielo y me doy cuenta de que ha pasado mucho tiempo desde que escribí en mis tablillas. En concreto, han transcurrido doce ciclos lunares desde mi última entrada. Pero hoy no quiero dejar pasar la oportunidad de anotar el hecho de que finalmente he saldado todas mis deudas. Mi esposa y yo celebramos con un gran banquete, conscientes de que nuestra determinación ha dado sus frutos.

En mi última visita a mis acreedores, ocurrieron muchas cosas inolvidables. Ahmar se disculpó por sus palabras hirientes y expresó su deseo de conservar nuestra amistad.

Por otro lado, el anciano Alkahad, a pesar de todo, no resultó ser tan malo como pensaba. Me dijo: "Antes eras como una pieza de arcilla suave, moldeable por cualquier mano que te tocara. Ahora eres como una pieza de bronce, capaz de tener filo. Si necesitas plata u oro en algún momento, acude a mí".

Pero Alkahad no es el único que me tiene en alta estima; muchos otros también me hablan con respeto. Y mi amada esposa me mira con un brillo en sus ojos que me hace sentir seguro de mí mismo.

El éxito que he alcanzado se debe al PLAN que seguí. Este me permitió saldar todas mis deudas y acumular una buena cantidad de oro y plata. Recomiendo a todos aquellos que deseen progresar que sigan este PLAN, pues no solo me ayudó a mí, un exesclavo, a pagar mis deudas y obtener riquezas, sino que también puede ayudar a cualquier hombre libre que busque independizarse. Continuaré siguiendo fielmente el PLAN, ya que estoy convencido de que si lo hago, me convertiré en un ciudadano próspero y acomodado de Babilonia.

St. Swithin's College
Nottingham University
Newark-on-Trent
Nottingham

7 de noviembre de 1936

Profesor Franklin Caldwell
Expedición Científica Británica
Hillah, Mesopotamia

Estimado Profesor:

Si durante sus nuevas excavaciones en las ruinas de Babilonia se encuentra con el espectro de un antiguo residente, un comerciante de camellos llamado Dabasir, por favor, permítame pedirle un favor. Hágale saber que los garabatos que escribió en esas tablillas de arcilla hace tanto tiempo le han granjeado la gratitud de por vida de un par de universitarios aquí en Inglaterra.

Es posible que usted recuerde que hace un año le hice saber que la Sra. Shrewsbury y yo estábamos interesados en probar el plan de Dabasir para salir de deudas y al mismo tiempo ahorrar dinero. Quizá haya sospechado que estábamos en una situación desesperada, aunque nos esforzamos por ocultarlo a nuestros amigos.

Durante varios años, nos hemos sentido profundamente humillados por una gran cantidad de deudas antiguas y nos preocupaba que alguno de nuestros acreedores iniciara un escándalo que pudiera obligarme a abandonar la universidad. Hemos hecho grandes esfuerzos para pagar cada deuda con los ingresos que podíamos reunir, pero apenas ha sido suficiente para mantener el equilibrio financiero. Además, nos hemos visto obligados a comprar productos en lugares donde se nos ofrecía crédito, a pesar de los costos más elevados que esto conlleva.

Lamentablemente, nos vimos atrapados en un ciclo perjudicial que agravó nuestra situación en lugar de remediarla. Nuestras dificultades se volvieron cada vez más agobiantes, viéndonos imposibilitados de trasladarnos a alojamientos más económicos debido a una deuda pendiente con nuestro arrendador. En consecuencia, no encontrábamos una solución viable para mejorar nuestra situación actual.

Aquí es donde entra en escena nuestro amigo, el viejo comerciante de camellos de Babilonia, con un plan para lograr justo lo que queríamos. Él nos alentó a seguir su sistema y juntos elaboramos una lista de todas nuestras deudas. Después, la compartí con todas las personas a las que les debíamos dinero.

Les comuniqué que me resultaba imposible hacer frente al pago debido a mi actual situación financiera y les mostré una lista de mis deudas para respaldar mi situación. Para solucionarlo, les propuse comprometerme a apartar un veinte por ciento de mis ingresos mensuales para pagarles equitativamente a todos ellos. Con este plan, podría liquidar mis deudas en poco más de dos años y, además, les informé que durante ese período, realizaría todas mis compras al contado.

Realmente, todos nuestros acreedores fueron bastante comprensibles. Sin embargo, hubo uno en particular que nos llamó la atención: nuestro verdulero, un hombre mayor y sabio, nos aconsejó acerca de cómo manejar nuestras deudas. Él nos dijo: "Si primero cubren todas sus necesidades básicas y luego destinan algo del dinero que les queda a pagar sus deudas, estarán dando un gran paso hacia la mejora de su situación financiera. Lo digo porque en mi caso, hace tres años que aún no me han pagado la cuenta".

Finalmente, logramos que todos firmaran un acuerdo en el que se comprometían a no causarnos molestias siempre y cuando pagáramos regularmente el veinte por ciento de nuestros ingresos. Con esto resuelto, comenzamos a planear cómo vivir con el setenta por ciento restante y estábamos decididos a quedarnos con el diez por ciento adicional para nosotros. La idea de tener más dinero, incluso posiblemente oro, era muy atractiva para nosotros.

Para nosotros, lograr un cambio en nuestras vidas era como vivir una emocionante aventura. Nos encantaba descubrir nuevas formas de vivir cómodamente con el setenta por ciento restante de nuestro presupuesto. Comenzamos por encontrar un alquiler más económico y conseguimos una buena rebaja. Luego, nos pusimos a analizar nuestras marcas favoritas de té y productos similares y nos sorprendió gratamente descubrir que podíamos adquirir productos de mayor calidad por un menor costo.

La historia que quería compartir es extensa para ser contada en una carta, pero afortunadamente, logramos enfrentarla sin dificultad y con alegría resolvimos nuestros problemas. Fue un gran alivio poder tener nuestras cuentas en orden y no sentir la constante presión de las deudas.

No obstante, quería hablarle sobre el diez por ciento adicional que acordamos ahorrar. En su momento, logramos guardar esa cantidad por un tiempo. Sin embargo, lo que viene a continuación no es motivo de risa. Aunque el ahorro puede parecer algo aburrido, la verdad es que resulta gratificante acumular dinero que no se necesita gastar. Genera una satisfacción mayor tener un superávit que gastarlo en cosas innecesarias.

Después de ahorrar durante mucho tiempo, decidimos invertir nuestro dinero en algo más provechoso. Encontramos una opción que nos permitía pagar mensualmente solo el diez por ciento. Esta inversión se ha convertido en la parte más satisfactoria de nuestra regeneración financiera, y es lo primero que pagamos con mi cheque cada mes.

Es muy gratificante sentirse seguro sabiendo que nuestra inversión crece constantemente. Cuando llegue el momento de jubilarme como profesor, espero haber acumulado una suma significativa. Esta debería ser lo suficientemente grande como para proporcionarnos ingresos sostenibles y garantizar nuestra subsistencia en adelante.

Es difícil de creer, pero todo lo que he logrado lo he conseguido con el mismo salario de siempre. Poco a poco hemos ido pagando todas nuestras deudas mientras nuestra inversión sigue aumentando. Incluso, financieramente, nos va mejor que antes. Es sorprendente cómo seguir un plan financiero puede marcar una gran diferencia en comparación con simplemente ir a la deriva.

Para finales del próximo año, habremos pagado todas nuestras deudas pendientes. De esta manera, contaremos con más recursos para invertir y también para destinar a viajes. Estamos decididos a no volver a permitir que nuestros gastos de vida superen el setenta por ciento de nuestros ingresos.

Nos gustaría expresar nuestro agradecimiento personal al anciano cuyo plan nos salvó de una situación difícil, a la que a menudo nos referíamos como nuestro 'infierno en la Tierra': las DEUDAS. Su ayuda fue fundamental para nosotros y estamos sinceramente agradecidos.

Él sabía exactamente lo que había que pasar. Había vivido en carne propia las consecuencias de sus errores y quería que otros pudieran evitarlos. Así que dedicó largas horas a grabar su mensaje en la arcilla, con el objetivo de compartir sus amargas experiencias y permitir que otros se beneficiaran de su sabiduría.

Tenía un mensaje real para sus compañeros de sufrimiento, un mensaje tan importante que después de cinco mil años ha resurgido de las ruinas de Babilonia, tan cierto y vital como el día en que fue enterrado.

Tenía un mensaje valioso para aquellos que compartían su sufrimiento, un mensaje tan importante que ha sobrevivido a lo largo de cinco mil años y ha resurgido de las ruinas de Babilonia. Es tan verdadero y vital hoy como lo fue en el día en que fue enterrado.

Atentamente,
Alfred H. Shrewsbury,
Departamento de Arqueología.

EL HOMBRE MÁS AFORTUNADO DE BABILONIA

Sharru Nada, el príncipe mercader de Babilonia, cabalgaba con orgullo al frente de su caravana. Vestía con distinción y elegancia, luciendo prendas finas y ricas. Asimismo, tenía un gusto refinado por los animales y montaba con facilidad su brioso semental árabe. A simple vista, resultaba difícil adivinar su edad y mucho menos adivinar los problemas que le afligían en su interior.

A pesar de las dificultades del largo viaje desde Damasco, Sharru Nada no mostraba preocupación por las tribus árabes feroces conocidas por asaltar caravanas, ya que contaba con una fuerte escolta de guardias a caballo para garantizar su protección.

A su lado, viajaba un joven afligido que había traído consigo desde Damasco. Hadan Gula era el nieto de su socio de antaño Arad Gula, y Sharru Nada sentía una deuda de gratitud eterna con él que nunca podría pagar. Aunque quería hacer algo por el joven, cada vez se daba cuenta de lo difícil que sería debido a las características personales de Hadan Gula.

Después de ver las sortijas y los pendientes del joven, Sharru reflexionó: "Él parece creer que las joyas son adecuadas para los hombres, y a juzgar por sus rasgos faciales fuertes, puede que haya heredado esa idea de su abuelo. Sin embargo, su abuelo solía vestir con ropas mucho más humildes. Lo invité a venir conmigo con la esperanza de poder ayudarlo a comenzar una nueva vida y escapar del desastre que su padre había hecho con su herencia".

Hadan Gula interrumpió los pensamientos de Sharru Nada y le preguntó: "¿Por qué trabajas tan duro, atravesando siempre el largo desierto en largos viajes? ¿Nunca tienes tiempo para disfrutar de los placeres de la vida?"

Sharru Nada esbozó una sonrisa y respondió: "¿Disfrutar los placeres de la vida?" Repitió la pregunta con curiosidad. "¿Qué harías tú para disfrutar la vida si fueras Sharru Nada?"

Hadan Gula pensó por un momento y respondió: "Si tuviera una riqueza como la tuya, viviría como un príncipe. Nunca montaría a caballo a través del caluroso desierto, sino que gastaría cada shekel apenas entrara en mi bolsa. Vestiría las ropas más finas y las joyas más exquisitas. Esa sería una vida agradable, una vida digna de vivir". Ambos hombres rieron.

"Tu abuelo no solía usar joyas", dijo Sharru Nada sin pensar antes de hablar. Luego, de manera jocosa, añadió: "Pero, ¿no tendrías tiempo para trabajar?"

"El trabajo fue hecho para los esclavos", Hadan Gula respondió.

Sharra Nada se mordió los labios, pero no respondió. Cabalgó en silencio sobre su caballo hasta que el camino los llevó a una pendiente. Allí ajustó las riendas de su caballo y señaló un valle verde en la distancia, diciendo: "Mira, allí está el valle. Si miras hacia el horizonte, podrás ver las murallas de Babilonia. La torre que sobresale es el Templo de Bel.

Y si tienes la vista lo suficientemente aguda, quizás puedas vislumbrar el humo de las llamas eternas en la cima".

"¿Es esta la ciudad de Babilonia? Siempre he anhelado ver la ciudad más rica del mundo", comentó Hadan Gula. "Babilonia, donde mi abuelo comenzó a construir su fortuna. Si todavía estuviera vivo, no estaríamos tan abrumados".

"¿Por qué desearías que el espíritu de tu abuelo permanezca en la tierra más allá de su tiempo permitido? Tanto tu padre como tú pueden continuar su buen trabajo", respondió Sharru Nada.

"Lamentablemente, ni mi padre ni yo tenemos el don de mi abuelo. No conocemos su secreto para atraer shekels de oro", dijo Hadan Gula.

Sharru Nada no le respondió, sino que ajustó las riendas de su caballo y cabalgó hacia el valle. La caravana lo siguió detrás en una nube de polvo rojizo. Tiempo después, llegaron al Camino del Rey y giraron hacia el sur, atravesando los campos irrigados.

Sharru Nada se sorprendió al ver a tres ancianos arando la tierra, quienes le parecían extrañamente familiares. Era ridículo pensar que después de cuarenta años aún pudieran encontrarse las mismas personas trabajando en el campo. No obstante, algo en su interior le decía que se trataba de los mismos individuos. Uno de ellos sostenía el arado mientras los otros dos trabajaban laboriosamente junto a los bueyes, golpeándolos ineficazmente con varas para que continuaran tirando.

Hace cuarenta años, él sentía envidia de estos hombres y deseaba estar en su posición. Sin embargo, las cosas han cambiado mucho desde entonces. Ahora, mira con orgullo su caravana: asnos y camellos cuidadosamente seleccionados, cargados con valiosas mercancías desde Damasco.

Él señalo con su dedo a los labradores diciendo: "¿Todavía arando los mismos campos que hace cuarenta años atrás?"

"Puede que se parezcan, ¿pero por qué crees que son los mismos?"

"Ya yo los había visto aquí", Sharru Nada respondió.

Los recuerdos volvían a su mente con rapidez. ¿Por qué no podía enterrar el pasado y vivir en el presente? En ese momento, una imagen se le presentó: la cara sonriente de Arad Gula. La barrera entre él y el joven cínico a su lado se había disuelto.

Sin embargo, ¿cómo podría ayudar al joven de manos enjoyadas e ideas derrochadoras? Él podía ofrecer empleo a trabajadores dispuestos, pero ninguno a los hombres que se consideraban demasiado buenos para trabajar. Debía hacer algo para honrar su deuda con Arad Gula, y no solo intentar tímidamente. Él y Arad Gula no eran hombres que hacían las cosas a medias.

En un instante, se le ocurrió un plan. No era perfecto y tenía que considerar su propia familia y posición. Sería un plan cruel y doloroso, pero como era un hombre de decisiones rápidas, hizo caso omiso de las objeciones y decidió actuar.

"Estarías interesado en escuchar como tu abuelo y yo nos unimos en una asociación que probó ser tan rentable?", él le preguntó.

"¿Por qué simplemente no me dices como ganaste tantos shekels de oro? Eso es todo lo que necesito saber", el joven le respondió.

Sharru Nada ignoró la respuesta y continuó hablando: "En aquel entonces, yo era más joven que tú. Recuerdo que, mientras la columna de hombres en la que marchaba se acercaba a Babilonia, el buen Megiddo, que estaba encadenado a mi lado, se burlaba de la forma en que estos trabajadores que ves ahora labraban la tierra. 'Mira a esos holgazanes', decía, 'el que tiene el arado no hace el esfuerzo para arar con profundidad, y los golpeadores no mantienen al buey en el surco. ¿Cómo esperan tener una buena cosecha con un arado tan deficiente?'"

"Dijiste que Megiddo estaba encadenado a ti?" Hadan Gula respondió sorprendido.

"Sí, nos encontrábamos atados por collares de bronce alrededor de nuestros cuellos, y una pesada cadena nos unía. Junto a nosotros se encontraba Zabado, el ladrón de ovejas que conocimos en Harroun. Al final de la columna caminaba un hombre que apodamos 'Pirata', ya que nunca nos reveló su verdadero nombre. Presumimos que se trataba de un marinero debido a las serpientes tatuadas en su pecho que se entrelazaban entre sí. La disposición de la columna estaba diseñada para permitir que los hombres caminaran en grupos de cuatro".

"¿Fuiste encadenado como un esclavo?" Hadan Gula le preguntó con incredulidad.

"¿Acaso tu abuelo nunca te dijo que yo fui un esclavo?"

"Él a menudo hablaba de ti, pero nunca nos insinuó nada de esto".

"Él era un hombre al que le podrías confiar tus más profundos secretos. Tú también eres un hombre en el que puedo confiar, ¿no?" Sharra Nada lo miró directamente a los ojos.

"Puedes confiar en mi silencio, pero igual estoy sorprendido. Dime como terminaste siendo un esclavo".

Sharru Nada se encogió de hombros y declaró: "Cualquier hombre puede caer en la esclavitud. Yo fui víctima de las indiscreciones de mi hermano, quien mató a su amigo en una pelea. Como resultado, mi padre me entregó como garantía a la viuda para evitar que mi hermano fuera perseguido por la ley. Sin embargo, cuando mi padre no pudo reunir el dinero suficiente para liberarme, la viuda, en un arrebato de ira, me vendió a un traficante de esclavos".

"¡Qué vergüenza e injusticia!" Hadan Gula protestó. "Pero dime, ¿cómo recobraste tu libertad?"

"Te lo diré, pero todavía no. Prefiero continuar mi historia. Mientras pasábamos, estos mismos labradores se burlaron de nosotros. Uno de ellos se quitó el sombrero desgastado y se inclinó, diciendo: 'Bienvenidos a Babilonia, invitados del Rey. Él ha preparado para ustedes un banquete de ladrillos de barro y sopa de cebolla en las murallas de la ciudad'. Tras decir esto, estalló en una carcajada ruidosa".

"Pirata se enfureció y los maldijo a todos. '¿Qué es lo que esos hombres miserables quisieron decir con que el Rey aguarda por nosotros en las murallas?', le pregunté".

"Quiso decir que nos dirigimos a las murallas para cargar ladrillos hasta que se nos rompan las espaldas. Quizás ellos los golpeen a ustedes hasta la muerte, pero a mí no me golpearán, yo los mataré primero si se atreven".

"Entonces Megiddo habló y dijo: 'No tiene mucho sentido que los amos golpeen a esclavos trabajadores y voluntariosos hasta matarlos. A los amos les gustan los buenos esclavos y los tratan bien'".

"'¿A quién le gusta trabajar duro?', comentó Zabado. 'Aquellos labradores son personas sabias. Ellos no se están rompiendo sus espaldas, solo hacen ver como si lo estuvieran'".

"'No puedes salir adelante rehuyendo del trabajo', Megiddo protestó. 'Si logras labrar una hectárea de tierra, entonces habrás hecho un buen trabajo y tu amo se dará cuenta. Pero si solo labras la mitad, eso significa que eres un holgazán, cosa que yo no soy. A mí me gusta trabajar y hacer un buen trabajo, porque el trabajo es el mejor amigo que he tenido. Me ha brindado todas las cosas buenas que he tenido: mi granja, vacas y cosechas'".

Zabado dijo: "Sí, ¿pero dónde están todas esas cosas ahora? Supongo que es mejor ser inteligente y encontrar formas de arreglárnoslas sin tener que trabajar. Si nos llevan a las murallas, yo estaré ocupado haciendo tareas simples como llevar bolsas de agua, mientras que ustedes, amantes del trabajo, se romperán la espalda cargando ladrillos". Luego, soltó una carcajada.

"El terror me asaltó esa noche. No pude dormir, así que me acerqué al cordón de seguridad y cuando los demás dormían atraje la atención de Godoso, el cual estaba haciendo la primera guardia. Él era la clase de árabe bandolero que si te robaba tu bolsa, también te cortaba la garganta".

"'Dime, Godoso', le susurré, '¿seremos vendidos como esclavos a las murallas cuando lleguemos a Babilonia?'".

"'¿Por qué lo quieres saber?', me preguntó con cautela".

"'¿Acaso no puedes entender?', le imploré. 'Soy joven y quiero vivir, así que no quiero morir de fatiga o que me golpeen hasta la muerte en las murallas. ¿Existe la posibilidad que me toque un buen amo?'"

"El me respondió lo siguiente: 'Te diré algo, eres un buen hombre y no le causas problemas al buen Godoso. La mayoría de las veces nos dirigimos primero al mercado de esclavos. Escucha bien lo que te voy a decir, cuando los compradores vengan diles que eres un buen trabajador y que te gusta trabajar duro para un buen amo. Haz que ellos quieran comprarte, si no lo haces, al próximo día terminarás cargando ladrillos en las murallas'".

"Después de que él se alejara, me quedé acostado en la cálida arena observando las estrellas, mientras reflexionaba sobre el trabajo. Las palabras de Megiddo resonaban en mi mente, recordándome que para él, el trabajo era su mejor amigo. Me pregunté si yo también podría considerarlo de la misma manera. Sin duda, si el trabajo me ayudaba a salir de la difícil situación en la que me encontraba, podría convertirse en un gran aliado".

"Cuando Megiddo despertó, le susurré las buenas noticias. Eran nuestro único rayo de esperanza mientras nos dirigíamos hacia Babilonia. Al caer la tarde, avistamos las murallas y pudimos distinguir a filas y filas de hombres subiendo y bajando los empinados caminos diagonales, como si fueran hormigas negras. Mientras nos acercábamos, nos sorprendía ver a miles de hombres trabajando. Algunos cavaban un foso, otros mezclaban la tierra para producir ladrillos de barro, y la mayoría transportaba los ladrillos en enormes cestos pendiente arriba, para entregárselos a los albañiles". [1]

"Los supervisores maldecían a los rezagados y azotaban a aquellos que no lograban seguir la formación. Los hombres pobres y desgastados tambaleaban bajo el peso de sus enormes cestos, incapaces de levantarse nuevamente. Si los azotes no conseguían hacerlos ponerse de pie, eran dejados a un lado del camino, retorciéndose de dolor. Pronto serían

---

[1] Las icónicas infraestructuras de la antigua Babilonia, incluyendo sus murallas, templos, jardines colgantes y grandes canales, fueron construidas mediante la explotación de mano de obra esclava. Principalmente, se utilizó a prisioneros de guerra, lo que explica el trato inhumano al que eran sometidos. Sin embargo, también se empleó a muchos ciudadanos de Babilonia y sus provincias que habían sido convertidos en esclavos debido a la comisión de delitos o a dificultades financieras. Era una práctica común entre los hombres de Babilonia poner como garantía de pago de deudas, juicios legales y otras obligaciones, a ellos mismos, a sus esposas o a sus hijos. En caso de no poder cumplir con dichas obligaciones, los individuos en garantía eran vendidos como esclavos.

arrastrados y unidos a otros cadáveres escuálidos, esperando una tumba sin santificar. Al presenciar algo tan horripilante, me estremecí y pensé que así sería mi vida a partir de ahora si fracasaba en ser comprado por un buen amo en el mercado de esclavos".

"Godoso había acertado. Apenas cruzamos las puertas de la ciudad, nos llevaron directamente a la prisión de esclavos y, al día siguiente, fuimos trasladados al mercado de esclavos. Allí, el resto de los hombres temblaba de miedo y solo los látigos de los guardias lograban hacerlos mover para que los compradores pudieran examinarlos. Mientras tanto, Megiddo y yo entablábamos conversaciones animadas con cualquier hombre que nos permitiera dirigirles la palabra".

"Sentí una profunda tristeza al presenciar cómo el comerciante de esclavos ordenaba a los soldados de la Guardia del Rey que encadenaran a Pirata y lo sometieran a brutales golpes cuando éste intentó protestar. Me conmovió ver cómo se lo llevaban lejos, impotente ante la injusticia de su situación".

"Megiddo parecía estar consciente de que pronto nos separaríamos. En una ocasión en la que no había compradores a la vista, me habló seriamente acerca del valor del trabajo y su importancia para mi futuro: 'Algunos hombres lo ven como un enemigo, pero es mejor tratarlo como un amigo y hacer que te guste. No te preocupes por su dificultad, pues si estás construyendo una buena casa, no importará que las vigas sean pesadas o que tengas que excavar un pozo profundo para obtener el agua necesaria para el yeso. Prométeme que, si logras conseguir un amo, trabajarás para él con todo lo que tengas. No importa si él no aprecia todos tus esfuerzos; recuerda que el trabajo bien hecho te hace bien a ti como persona'. Megiddo dejó de hablar cuando un granjero corpulento se acercó para observarnos detenidamente".

"Megiddo le preguntó sobre su granja y cosechas, pronto convenciéndole de que sus servicios le serían valiosos. Después de negociar violentamente con el traficante de esclavos, el granjero sacó una gran bolsa que guardaba en su túnica y pronto se llevó a Megiddo fuera de mi vista".

"Durante la mañana se habían vendido algunos hombres más. Al mediodía, Godoso me comunicó que el comerciante estaba molesto y que no pasaría otra noche allí. En cambio, llevaría esa misma tarde a los esclavos restantes para vendérselos al comprador del Rey. La situación me desesperaba cuando, de repente, un hombre bonachón y regordete se acercó al muro y preguntó si entre nosotros había algún panadero".

"Me acerqué a él y le pregunté: '¿Por qué un panadero tan talentoso como tú buscaría a alguien de habilidades inferiores? ¿No sería mejor enseñar a alguien como yo, dispuesto y ansioso por aprender, tus habilidades? Soy joven, fuerte y me encantaría trabajar contigo. Dame la oportunidad de demostrarte mi valía y te aseguro que trabajaré duro para que tengas más oro y plata en tu bolsa'".

"Él quedó impresionado con mi disposición y comenzó a negociar con el comerciante, quien nunca antes había reparado en mí pero ahora hablaba elocuentemente sobre mis habilidades, buena salud y voluntad para trabajar. Me sentía como un animal gordo que se vende en una subasta. A pesar de todo, el acuerdo se cerró y seguí felizmente a mi nuevo amo, creyéndome el hombre más afortunado de Babilonia".

"Me gustaba mucho mi nuevo hogar. Mi amo, Nana-naid, me enseñó a moler cebada en el cuenco de piedra del patio, encender el fuego en el horno y moler la harina de sésamo para hacer tortas de miel. Tenía un sofá en el cobertizo donde se almacenaban los granos, y la anciana criada esclava, Swasti, me alimentaba bien. Me sentía satisfecho al ayudarla en sus tareas difíciles".

"Aquí, tuve la oportunidad que tanto había ansiado: convertirme en una persona indispensable para mi amo. Por lo tanto, albergaba la esperanza de encontrar una manera de ganar mi libertad".

"Le solicité a Nana-naid que me enseñara a amasar y hornear pan, lo cual hizo gustosamente. Cuando logré dominar esas habilidades, le pedí que me enseñara a hacer tortas de miel, y pronto pude hacer todos los panes y pasteles yo mismo. Mi empleador se alegró de poder descansar, pero Swasti no parecía contenta con lo que estaba sucediendo. 'No tener nada que hacer no es bueno para nadie', declaró".

"Sentí que había llegado el momento de idear una forma para obtener algunas monedas y comprar mi libertad. Dado que el horneado del pan se finalizaba al mediodía, consideré que Nana-naid estaría de acuerdo con que buscara un empleo durante las tardes, que me permitiera obtener ingresos personales. Entonces, se me ocurrió que también podría aprovechar para hornear más pasteles de miel y venderlos a los hombres hambrientos que deambulan por las calles de la ciudad".

"Le presenté mi plan a Nana-naid de la siguiente manera: '¿Estarías dispuesto a compartir algunas de tus ganancias conmigo si aprovecho mis tardes libres para ayudarte a ganar más dinero? De esa forma, podría contar con mi propio dinero para gastar en las cosas que todo hombre desea y necesita'".

"'Me parece justo', admitió él, complacido al escuchar mi plan para vender pasteles de miel. 'Esto es lo que haremos', sugirió. 'Cobrarás un penique por cada dos pasteles vendidos. Utilizaremos la mitad de los ingresos para cubrir los costos de la harina, la miel y la leña para hornearlos. Con respecto a la otra mitad, yo me quedaré con el cincuenta por ciento y tú con el otro cincuenta por ciento'".

"Me alegró mucho que me permitiera quedarme con una cuarta parte de los ingresos. Esa noche trabajé hasta tarde para hacer una bandeja en la que pudiera exhibir los pasteles. Nana-naid me prestó una de sus túnicas desgastadas para que pudiera lucir presentable y Swasti me ayudó a remendarla y limpiarla".

"Al día siguiente, horneé una generosa cantidad de pasteles de miel que lucían dorados y tentadores en la bandeja mientras los exhibía por las calles a viva voz. Al principio, nadie parecía interesarse y me desanimé. Sin embargo, perseveré en mi tarea y, hacia la tarde, los pasteles comenzaron a venderse conforme los hombres empezaban a tener hambre. Finalmente, la bandeja quedó completamente vacía".

"Nana-naid se mostró muy complacido con mi éxito y accedió a pagarme la cantidad de dinero que me correspondía. Yo estaba muy contento de tener mis propios peniques. Megiddo tenía razón al decir que un amo aprecia el buen trabajo de sus esclavos. Esa noche, estaba tan emocionado por mi éxito que apenas podía conciliar el sueño e intenté calcular cuánto dinero podría ganar en un año para saber cuántos años me tomaría comprar mi libertad".

"Con el transcurso de los días, comencé a tener clientes regulares, entre ellos tu abuelo, Arad Gula. Él era un mercader de alfombras que vendía sus productos a amas de casa en toda la ciudad, acompañado siempre por un asno cargado de mercancía y un esclavo que lo asistía. Durante sus visitas, solía comprar pasteles para él y su esclavo, y conversaba conmigo mientras disfrutaba de su compra".

"Tu abuelo una vez me dijo algo que siempre recordaré. 'Me gustan tus pasteles, chico, pero lo que más me gusta es la iniciativa con la que los ofreciste. Ese espíritu te servirá mucho en tu camino al éxito'".

"Pero dudo mucho que tú, Hadan Gula, entiendas lo que unas palabras de aliento pudiesen significar para un niño esclavo y solitario que lucha en una gran ciudad con todo lo que tiene para poder superar sus humillaciones".

"Con el paso de los meses continué agregando peniques a mi bolsa. Esta empezó a engordar y su peso se sentía cómodo en mi cinturón. El trabajo estaba demostrando ser mi mejor amigo tal como Megiddo me lo había dicho. Yo estaba feliz, pero Swasti estaba preocupada".

"'Temo que tu amo ha pasado mucho tiempo en las casas de apuestas', ella me dijo".

"Me alegré mucho al ver a mi amigo Megiddo en las calles, guiando tres asnos cargados con vegetales hacia el mercado. Al saludarlo, me compartió su éxito: 'Mi amo aprecia mi buen trabajo y me ha nombrado capataz. Me confía el mercadeo de sus productos y quiere mandar a buscar a mi familia. Este trabajo me está ayudando a recuperarme de mis tribulaciones, y algún día me permitirá recuperar mi libertad y poseer nuevamente una granja propia'".

"Con el tiempo, Nana-naid esperaba mi llegada con cada vez más ansias. Por las tardes, aguardaba para contar nuestro dinero y dividirlo entre ambos. Además, me alentaba a buscar nuevos mercados y aumentar mis ventas".

"Solía dirigirme con frecuencia a las puertas de la ciudad para vender pasteles a los supervisores de los esclavos que trabajaban en las murallas. A pesar de que detestaba tener que volver a ese lugar tan horrible, me di cuenta de que los supervisores eran buenos compradores. En una de esas ocasiones, me sorprendió ver a Zabado esperando en una fila para llenar su cesto con ladrillos. Él lucía demacrado y encorvado, con la espalda llena de moretones a causa de los latigazos que recibía. Me conmovió su situación y decidí darle uno de mis pasteles, que devoró con ansiedad como si fuera un animal hambriento. Al ver sus ojos ansiosos, me apresuré a alejarme antes de que pudiera arrebatarme la bandeja".

"'¿Por qué trabajas tan duro?', me preguntó Arad Gula un día, casi la misma pregunta que me hiciste hoy, ¿recuerdas? Le conté lo que Megiddo me había dicho sobre el trabajo y cómo se había convertido en mi mejor amigo. Con orgullo, le enseñé mi bolsa llena de peniques y le expliqué cómo los estaba ahorrando para comprar mi libertad".

"Él me preguntó: '¿Qué harás cuando seas libre?' A lo que yo respondí que tenía la intención de convertirme en un mercader".

"El me confió en ese momento algo que yo nunca había sospechado. 'Tú no sabes que yo también soy un esclavo. Estoy en una sociedad con mi amo'".

Hadan Gula gritó con fuerza: "¡Basta! No voy a quedarme aquí viendo cómo difamas a mi abuelo. Él nunca fue esclavo". Sus ojos estaban llenos de cólera y furia.

Sharru Nada mantuvo la calma y expresó: "Le rindo homenaje por haber superado la adversidad y convertirse en un ciudadano ejemplar de Damasco. Pero, ¿puedo decir lo mismo de ti, su nieto? ¿Tienes la fortaleza necesaria para enfrentar la realidad o prefieres vivir en un mundo de ilusiones?"

Hadan Gula recuperó la compostura y, con voz ahogada por la emoción, respondió: "Mi abuelo fue amado por todos y realizó innumerables buenas acciones. ¿Acaso no fue su oro el que compró suficiente grano en Egipto? ¿Y no fueron sus caravanas las que lo llevaron a Damasco para distribuirlo entre el pueblo y evitar que nadie muriera durante la gran hambruna? Ahora tú me dices que él no era más que un miserable esclavo en Babilonia".

"Si hubiera permanecido en Babilonia como esclavo, habría llevado una vida miserable. Sin embargo, al convertirse en un hombre ejemplar en Damasco por sus propios esfuerzos, los Dioses perdonaron sus desgracias y lo honraron con respeto", respondió Sharru Nada.

"Después de decirme que era un esclavo", continuó Sharru Nada, "él me explicó lo ansioso que se sentía por obtener su libertad. Ahora que tenía suficiente dinero para comprarla, no sabía qué hacer a continuación. Ya no estaba vendiendo como antes y temía perder el apoyo de su amo".

"Le recriminé su indecisión: 'No te aferres más a tu amo. Recupera la sensación de ser un hombre libre. Actúa como tal y tendrás éxito. Decide lo que más deseas lograr y el trabajo te ayudará a conseguirlo'. Él continuó su camino, diciendo que se alegraba de que lo hubiera avergonzado por su cobardía".[2]

"Un día me acerqué de nuevo a las puertas y me sorprendí al ver una multitud congregada allí. Al preguntar a alguien qué estaba sucediendo, me informó: '¿No te has enterado? Un esclavo fugitivo, acusado de haber matado a uno de los guardias del Rey, ha sido llevado ante la justicia y será azotado hasta la muerte por su crimen. Incluso el Rey ha venido personalmente a presenciar la ejecución'".

"La multitud se agolpaba alrededor de la columna de castigo, y yo, con mi bandeja de pasteles en mano, temía estropearla en medio del gentío. Sin embargo, no quería perderme el espectáculo, así que decidí escalar un muro inacabado para vislumbrar por encima de las cabezas de la gente. Fue entonces cuando tuve la fortuna de ver al mismísimo Nabucodonosor en su cuadriga dorada, ataviado con túnicas de oro y terciopelo. Nunca antes había presenciado tanta grandeza y opulencia en una sola escena".

"No presencié el azotamiento en sí, pero sí escuché los gritos de dolor del esclavo. Me cuestioné cómo alguien tan noble como nuestro Rey podía tolerar semejante sufrimiento. Sin embargo, cuando lo vi riendo y bromeando con sus nobles, entendí su crueldad y por qué se les imponían a los esclavos de las murallas tareas tan inhumanas".

"El cuerpo del esclavo fue colgado de un poste mediante una cuerda atada a su pierna para que todos pudieran verlo. Después de que la multitud comenzó a dispersarse, me acerqué y pude observar un tatuaje en su pecho de dos serpientes entrelazadas, el esclavo era Pirata".

"Cuando volví a encontrarme con Arad Gula, pude notar que había experimentado un cambio radical. Me saludó con entusiasmo y me dijo: '¡Mira quién está aquí! El esclavo que una vez conociste ahora es un hombre libre. Tus palabras fueron mágicas. Mis ganancias y ventas siguen aumentando, y mi esposa está llena de alegría. Ella era una mujer libre, sobrina

---

[2] Aunque para nosotros las costumbres de los esclavos en la antigua Babilonia pueden parecer inconsistentes, en realidad estaban estrictamente reguladas por la Ley. Por ejemplo, un esclavo podía poseer cualquier tipo de propiedad, incluso otros esclavos que no eran propiedad de su amo. Además, los esclavos tenían la libertad de casarse con personas que no eran esclavas y sus hijos nacían libres si su madre también lo era. En la ciudad, la mayoría de los mercaderes eran esclavos, y muchos de ellos trabajaban asociados con sus amos y llegaban a acumular riquezas por derecho propio.

de mi amo, y desea con fervor que nos mudemos a otra ciudad donde nadie sepa que yo alguna vez fui esclavo. De esta manera, nuestros hijos nunca serán criticados por la mala suerte de su padre. El trabajo se ha convertido en mi mejor aliado y me ha ayudado a recuperar mi confianza y habilidad en las ventas'".

"Yo estaba muy alegre de haber sido capaz, en pequeña medida, de retribuirle por los ánimos que él me había dado".

"Swasti se acercó a mí una noche con gran preocupación y me advirtió: 'Tu amo está en problemas y temo por él. Hace unos meses, perdió una gran cantidad de dinero en las apuestas, lo que le ha impedido pagar al granjero por la miel y los granos, así como al prestamista. Ambos están muy molestos y lo están amenazando'".

"Sin mucho pensar, respondí: '¿Por qué tendríamos que preocuparnos por sus tonterías? No somos sus guardianes'".

"'¡Eres un tonto, no lo comprendes! Él te usó como garantía para asegurar un préstamo con el prestamista. De acuerdo con la ley, el prestamista tiene el derecho de reclamarte y venderte. No sé qué hacer, él es un buen amo. ¿Por qué tuvo que ocurrir esta calamidad?'".

"Los temores de Swasti resultaron justificados. Mientras yo horneaba al día siguiente por la mañana, el prestamista regresó acompañado por un hombre llamado Sasi, quien me examinó y dio su aprobación".

"El prestamista no esperó a que mi amo regresara. En cambio, le dio órdenes a Swasti para que informara a mi amo de que me había tomado como pago. Tuve que partir rápidamente, sin siquiera haber terminado de hornear los pasteles. Salí solamente con una túnica en mi espalda y mi bolsa de peniques colgando del cinturón".

"Me vi separado a la fuerza de mis mayores esperanzas, como si un huracán arrasara los árboles de un bosque y los arrojara al mar. Una casa de apuestas y el exceso de cerveza habían vuelto a causarme problemas".

"Sasi era un hombre rudo y brusco. Mientras me llevaba por la ciudad, le hablé del importante trabajo que había realizado para Nana-naid y expresé mi deseo de realizar una labor igualmente satisfactoria para él. Sin embargo, su respuesta fue desalentadora, por decir lo menos:"

"'No me gustan ese tipo de trabajos, y a mi amo tampoco. El Rey le ha ordenado que me envíe a construir una sección del Gran Canal. Mi amo le dice a Sasi que compre más esclavos, trabaje duro y termine rápido. Pero, ¿cómo puede un hombre completar una gran obra con prontitud?'"

"Me encontré en un desierto desprovisto de árboles, donde solo crecían pequeños arbustos. El sol ardía con tal intensidad que calentaba el agua en nuestros barriles, lo que hacía difícil su consumo. Había filas de hombres que descendían a las profundidades y luego ascendían con pesados cestos llenos de tierra a lo largo de un sendero polvoriento, desde el amanecer hasta el atardecer. La comida se servía en comedores abiertos donde nos comportábamos como animales. No teníamos tiendas ni paja en nuestras camas. Enterré mi bolsa en un lugar que marqué y me pregunté si alguna vez volvería a verla. Como puedes notar, mi situación era desesperada".

"Al principio yo trabajaba de buena gana, pero con el paso de los meses sentía como mis ánimos decaían. Para empeorar las cosas, la fiebre azotó mi cuerpo desgastado. Perdí mi apetito y apenas podía comer vegetales y la carne que nos arrojaban. De noche no podía dormir al estar perdido en pensamientos miserables".

"En medio de mi miseria, me cuestionaba si Zabado había tenido la mejor idea al holgazanear un poco para evitar lesionarse la espalda mientras trabajaba. Sin embargo, al recordar en qué estado lo encontré la última vez que lo vi, comprendí que su plan no había sido acertado".

"Pensé en Pirata y su amargura, y me pregunté si valdría la pena pelear y matar para escapar de mi situación. Sin embargo, el recuerdo de su cuerpo sangrante me hizo saber que su plan también fue inútil".

"De repente, vino a mi mente el recuerdo de la última vez que vi a Megiddo. A pesar de que sus manos estaban llenas de callos debido al trabajo duro, su rostro reflejaba una felicidad que iluminaba su corazón. Era evidente que su plan era el mejor".

"Yo estaba tan decidido como Megiddo a trabajar arduamente, y sin duda, había trabajado tanto como él. Pero, a diferencia de él, mi trabajo no me brindaba felicidad ni éxito. Me preguntaba si era el trabajo en sí mismo lo que producía la felicidad de Megiddo o si acaso la felicidad y el éxito estaban determinados por los Dioses. ¿Iba a pasar el resto de mi vida trabajando sin alcanzar mis objetivos ni encontrar la felicidad y el éxito? Todas estas preguntas se agolpaban en mi mente sin respuesta, y yo me sentía muy confundido".

"Después de varios días, cuando parecía que no podría soportar más y mis preguntas quedarían sin respuesta, Sasi me llamó. Un mensajero de mi amo había venido con la intención de llevarme de vuelta a Babilonia. Desenterré mi preciosa bolsa, me vestí con lo que quedaba de mi túnica y me dirigí hacia mi nuevo destino".

"Mientras caminábamos, mi mente se inundaba con pensamientos tumultuosos, como si un huracán furioso me azotara sin piedad, lo que a su vez exacerbaba mi fiebre. Parecía estar experimentando las mismas sensaciones descritas en un canto ancestral de mi pueblo natal, Harroun:"

Al hombre en el vendaval azotado,
y en tormenta angustiado,
su rumbo es difícil de seguir,
y su destino imposible predecir.

"¿Acaso yo estaba destinado a ser castigado de esta manera? ¿Qué nuevas miserias y decepciones me esperaban?"

"Cuando llegamos al patio de la casa de mi amo, imagina mi sorpresa al darme cuenta de que Arad Gula me esperaba. Él me ayudó a bajarme y me abrazó como si fuese un hermano perdido".

"Mientras caminábamos, yo habría seguido a Arad Gula como un esclavo a su amo. Sin embargo, él no me lo permitió. En su lugar, colocó su brazo sobre mi hombro y me habló de esta manera: 'Busqué por todas partes para encontrarte. Cuando había perdido toda esperanza de hallarte, me encontré con Swasti. Ella me habló del prestamista de oro, quien me dio información sobre el paradero de tu noble dueño. Tuve que negociar con él y pagar una alta suma por tu libertad, pero definitivamente lo vales. Tu filosofía y tus ganas de surgir han sido mi inspiración para conseguir el éxito'".

"'Es la filosofía de Megiddo, no la mía', le interrumpí".

"'Es la filosofía de Megiddo y tuya. Gracias a ambos, nos dirigimos hoy a Damasco. Además, te necesito como socio'. Luego exclamó con entusiasmo: '¡En poco tiempo serás un hombre libre!'. Mientras decía esto, sacó de su túnica una tablilla de arcilla con mi título de propiedad y la lanzó con fuerza al suelo empedrado, rompiéndola en mil pedazos. Saltó sobre los fragmentos con gran alegría, aplastándolos hasta que se convirtieron en polvo. Yo estaba llorando lágrimas de alegría, porque en ese momento caí en cuenta de que yo era el hombre más afortunado de Babilonia".

"Como podrás ver, el trabajo probó ser de gran ayuda y mi mejor amigo en mis tiempos de mayor necesidad. Mi férrea voluntad evitó que yo me uniera a los esclavos de las murallas y también impresionó a tu abuelo, él cual me escogió como su socio".

Entonces Hadan Gula le preguntó, "¿fue el trabajo duro la clave secreta para que mi abuelo pudiera obtener oro?"

"Esa era la única clave que él tenía la primera vez que lo vi", Sharru Nada respondió. "Tu abuelo disfrutó mucho trabajar, por lo que los Dioses apreciaron sus esfuerzos y lo recompensaron".

Hadan Gula hablaba pensativamente mientras reflexionaba: "Me estoy dando cuenta de algo. El trabajo atrajo a sus amigos, quienes admiraban su gran diligencia y el éxito que este le brindaba. Además, el trabajo le otorgó los honores que tanto disfrutaba en Damasco y todas las cosas que yo aprobaba. Y, sin embargo, solía pensar que el trabajo solo era apropiado para los esclavos".

Sharru Nada comentó: "La vida está llena de placeres que los hombres pueden disfrutar. Cada uno tiene su lugar, y me alegra que el trabajo no sea solo para los esclavos. Si ese fuera el caso, me vería privado de mi mayor placer. Disfruto de muchas cosas, pero ninguna es tan importante como el trabajo".

Sharru Nada y Hadan Gula avanzaron cabalgando bajo la sombra de las enormes murallas hasta alcanzar las masivas puertas de bronce de Babilonia. Al divisarlos acercarse, los guardias se aproximaron y rindieron honores a aquel honorable ciudadano. Con la cabeza erguida, Sharru Nada guio la larga caravana a través de las puertas y por las calles de la ciudad.

"Siempre he albergado la esperanza de ser un hombre como mi abuelo", confesó Hadan Gula. "Nunca me di cuenta de qué clase de hombre era, algo que tú me has mostrado. Ahora que lo entiendo, lo admiro mucho más y estoy más decidido que nunca a ser como él. Me preocupa no poder retribuirte por enseñarme la verdadera clave que le permitió alcanzar el éxito. A partir de hoy, utilizaré esa clave y empezaré modestamente, siguiendo sus pasos y ajustándome a mi verdadera condición, en lugar de perseguir joyas y túnicas finas".

Hadan Gula mostró su respeto quitándose los adornos que pendían de sus orejas y las sortijas de sus dedos. Luego, arreó su caballo y retrocedió, cabalgando detrás del líder de la caravana con profunda reverencia.

SEMBLANZA HISTÓRICA DE BABILONIA

Entre todas las ciudades que la historia nos ha legado, probablemente ninguna evoca tanto glamour como la antigua Babilonia. Su nombre nos transporta a un mundo de riqueza y esplendor, donde los tesoros conformados por oro y joyas parecían ser algo cotidiano. Sin embargo, uno podría imaginar que una ciudad tan opulenta debería encontrarse en un escenario tropical, rodeada de exuberantes recursos forestales y mineros. Sorprendentemente, este no era el caso: Babilonia estaba situada al lado del río Éufrates, en un valle plano y árido. No tenía bosques, minas ni rocas que pudieran ser utilizadas para la construcción. Además, no se encontraba en una ruta comercial natural y las lluvias eran insuficientes para que las cosechas prosperaran.

Babilonia es un ejemplo destacado de la habilidad del ser humano para lograr grandes objetivos usando los medios que tiene a su disposición. Todos los recursos que sostienen a esta enorme ciudad fueron desarrollados por el hombre, y todas las riquezas provenían del trabajo humano.

Babilonia contaba únicamente con dos recursos naturales: un suelo fértil y el agua del río. Sin embargo, gracias a uno de los mayores logros de la ingeniería, los ingenieros babilónicos fueron capaces de desviar el curso del agua mediante la construcción de represas e inmensos canales de irrigación. Estos canales se extendían a lo largo de las tierras áridas del valle para llevar el agua a los suelos fértiles. Este hito histórico de la ingeniería permitió el florecimiento de abundantes cosechas gracias al maravilloso sistema de irrigación, sin precedentes en el mundo hasta entonces.

Afortunadamente, a lo largo de su larga existencia, Babilonia fue gobernada por sucesivas dinastías de reyes que no basaron su reinado en la conquista y el pillaje. Aunque se vieron involucrados en varias guerras, la mayoría de ellas fueron locales o defensivas contra conquistadores ambiciosos de otras naciones que ansiaban los fabulosos "Tesoros de Babilonia". Los excepcionales gobernantes de Babilonia dejaron su huella en la historia gracias a su sabiduría, iniciativa y justicia. Babilonia no produjo monarcas pomposos que buscaran conquistar el mundo conocido para que todas las naciones rindieran homenaje a su egocentrismo.

La ciudad de Babilonia ya no existe en la actualidad, habiendo quedado reducida a un conjunto de ruinas en el desierto tras el retiro de las fuerzas humanas que la construyeron y mantuvieron durante miles de años. En la actualidad, su ubicación se encuentra a unas seiscientas millas al este del Canal de Suez, al norte del Golfo Pérsico, en una latitud cercana a los treinta grados sobre la línea del Ecuador, similar a la de Yuma, Arizona. El clima de Babilonia era árido y seco, similar al de su contraparte estadounidense.

En la actualidad, el valle del Éufrates, que una vez fue un distrito agrícola populoso, se ha convertido de nuevo en un árido desierto azotado por el viento. La escasa vegetación, compuesta principalmente por arbustos desérticos, lucha por sobrevivir en medio de las arenas arrastradas por el viento. Ya no se encuentran los fértiles campos, las enormes ciudades y las largas caravanas lideradas por ricos mercaderes que alguna vez existieron. Los únicos habitantes son los árabes nómadas que subsisten gracias al cuidado de pequeños rebaños, una situación que ha prevalecido desde el inicio de la Era Cristiana.

Durante muchos siglos, los viajeros no consideraban que las colinas de tierra que salpican este valle tuvieran nada especial. Sin embargo, la aparición ocasional de piezas de alfarería y ladrillos debido a las tormentas llamó la atención de los arqueólogos. Las expediciones financiadas por museos estadounidenses y europeos comenzaron a excavar para ver qué podían encontrar. Pronto, los picos y las palas descubrieron que esas colinas que antes se habían ignorado eran en realidad ciudades antiguas, o más bien, los restos de lo que alguna vez fueron.

Babilonia era una de esas colinas. Por más de veinte siglos los vientos habían esparcido las arenas del desierto. Las murallas que fueron originalmente construidas de ladrillo se habían desintegrado y convertido en polvo. Así es como Babilonia se encuentra hoy, no es más que un montón de tierra abandonada a la que nadie recordaba hasta que fue descubierta mediante la remoción de los desechos y los escombros que por tanto tiempo se acumularon en sus calles, templos nobles y palacios.

Numerosos científicos consideran que la civilización babilónica, así como otras ciudades ubicadas en este mismo valle, son las más antiguas que se han registrado en la historia, con dataciones que se han comprobado alcanzar los 8000 años de antigüedad. Es interesante destacar que el medio utilizado para determinar estas fechas fue el hallazgo de descripciones de un eclipse solar en las ruinas de Babilonia. A partir de esto, los astrónomos modernos pudieron calcular el momento exacto en que este eclipse, visible en la antigua ciudad, tuvo lugar. Gracias a esta información, se pudo establecer una relación entre el calendario babilónico y el nuestro.

Hemos logrado demostrar que hace 8000 años, los sumerios que habitaban Babilonia vivían en ciudades amuralladas, aunque solo podemos especular sobre el tiempo que dichas ciudades existieron. Es importante destacar que sus habitantes no eran simples bárbaros que vivían tras murallas protectoras, sino personas educadas e ilustradas. De hecho, en términos de historia escrita, ellos fueron los primeros ingenieros, astrónomos, matemáticos y financieros, además de ser el primer pueblo en desarrollar un lenguaje escrito.

Ya se han mencionado los sistemas de irrigación que convirtieron el árido valle en un paraíso agrícola. Aunque la mayoría de los canales están llenos de arena acumulada a lo largo de los siglos, todavía es posible rastrear los restos de estos sistemas. Algunos de ellos eran tan grandes que hasta doce caballos podían cabalgar por su interior cuando no estaban llenos de agua. En cuanto a tamaño, estos canales son comparables a los más grandes de Colorado y Utah.

Además de los canales para irrigar las tierras del valle, los ingenieros babilónicos completaron otro proyecto de magnitud similar. Mediante la elaboración de un sistema de drenaje ellos reclamaron una inmensa área pantanosa en las desembocaduras del Tigris y el Éufrates y la transformaron en tierras de cultivo.

Heródoto, el historiador y viajero griego, tuvo la fortuna de visitar Babilonia en su apogeo y nos legó la única descripción conocida que hizo un extranjero sobre esta ciudad. En sus escritos, Heródoto nos ofrece una detallada y vívida descripción de la ciudad y algunas de las curiosas tradiciones de su pueblo. Destaca en su relato la excepcional fertilidad de los suelos y la abundante cosecha de trigo y cebada que se producía en la región.

Aunque la gloria de Babilonia ha desaparecido con el tiempo, su sabiduría ha sido preservada gracias a la forma en que llevaban sus registros. En aquella época, aún no se había inventado el papel, por lo que las escrituras se registraban en tablillas de arcilla húmeda que posteriormente eran horneadas y endurecidas. Estas tablillas tenían un tamaño de aproximadamente seis por ocho pulgadas y un grosor de una pulgada.

Las tablillas de arcilla, conocidas por aquel entonces como un medio habitual de escritura, registraban una gran variedad de información, desde leyendas y poesía, hasta transcripciones de decretos reales, leyes, títulos de propiedad, pagarés e incluso cartas que eran enviadas por mensajeros a ciudades distantes. Estos documentos permiten a los lectores comprender los asuntos personales e íntimos del pueblo. Por ejemplo, una tablilla de arcilla que evidentemente pertenecía al dueño de una tienda, narra que en una fecha específica, un cliente trajo una vaca y la intercambió por siete sacos de harina, de los cuales tres le fueron entregados inmediatamente y los otros cuatro serían entregados a petición del cliente.

Los arqueólogos han logrado recuperar librerías enteras de tablillas similares a estas, compuestas por cientos de miles de piezas que permanecían enterradas en las ruinas de ciudades antiguas, resguardadas en buen estado.

Una de las maravillas más impactantes de Babilonia fueron sus inmensas murallas que rodeaban la ciudad. Los antiguos consideraban que estas murallas tenían el mismo derecho que las pirámides de Egipto a formar parte de las "siete maravillas del mundo". Se cree que la Reina Semíramis erigió las primeras murallas en los comienzos de la ciudad. Sin embargo, las excavaciones modernas no han encontrado rastro alguno de las murallas originales, por lo que su altura exacta sigue siendo desconocida. Según antiguos escritores, se estima que las murallas tenían una altura de alrededor de cincuenta a sesenta pies, estaban hechas de ladrillos cocidos y se encontraban protegidas por un profundo foso de agua.

Las murallas más recientes y famosas se empezaron a construir alrededor de seiscientos años antes de Cristo por el Rey Nabopolasar. A pesar de que él se avocó a hacer una construcción tan imponente y colosal, no vivió lo suficiente para ver culminar tan imponente obra. Esta tarea la culminó su hijo Nabucodonosor, cuyo nombre es repetido frecuentemente en la Biblia.

La altura y longitud de estas últimas murallas son realmente increíbles. Hay fuentes creíbles que alegan que estas tenían ciento sesenta pies de altura, el equivalente a la altura de un moderno edificio de oficinas de quince pisos. Se estima que su longitud era de entre nueve a once millas de largo. La anchura era tal, que en la parte superior podría correr una cuadriga tirada por seis caballos. Pocos restos quedan de esta estructura tan tremenda, con la excepción de ciertas partes de los cimientos y el foso. Además de los estragos causados por la naturaleza, los árabes completaron la destrucción al utilizar los ladrillos de las murallas para llevar a cabo construcciones en otra parte.

Durante la época de guerras y conquistas, las murallas de Babilonia fueron testigos de los intentos de varios reyes enemigos por conquistarla. Aunque la tarea era sumamente difícil y muchos ejércitos fracasaron en el intento, es importante destacar que ninguna fuerza enemiga podía ser subestimada. Los historiadores hablan de enormes ejércitos que incluían 10.000 jinetes, 25.000 cuadrigas y 1.200 regimientos de infantería, cada uno con 1.000 hombres. La preparación para una marcha de este tipo era larga y compleja, y a menudo tomaba dos o tres años para reunir los materiales de guerra y depósitos de alimentos a lo largo de la línea de marcha.

La ciudad de Babilonia se organizaba como una urbe moderna, con calles y tiendas donde los vendedores ambulantes ofrecían sus mercancías en los distritos residenciales. Los sacerdotes oficiaban en magníficos templos y existía una sección amurallada para los palacios reales. Se cuenta que las murallas que rodeaban los templos eran incluso más altas que las que rodeaban la ciudad.

Los babilonios destacaban por ser notables artistas, en su sociedad sobresalían diferentes ramas del arte como la escultura, pintura, tejido, orfebrería y herrería, produciendo tanto armas metálicas como herramientas agrícolas. Además, los joyeros de esta cultura eran especialmente reconocidos por crear piezas artísticas exquisitas, algunas de las cuales han sido recuperadas de las tumbas de ciudadanos adinerados y hoy en día son exhibidas en algunos de los museos más importantes del mundo.

Durante muchos años, mientras el resto del mundo aún usaba hachas de piedra para talar árboles o lanzas y flechas con puntas de piedra para cazar y luchar, los babilonios ya empleaban herramientas de metal en sus actividades diarias. Esto incluía hachas, lanzas y flechas con puntas de metal.

Los babilónicos destacaron por sus habilidades en finanzas y comercio. De acuerdo con nuestra comprensión histórica, fueron los pioneros en la invención del dinero como medio de intercambio, así como de la emisión de pagarés y títulos de propiedad escritos.

Hasta el año 540 antes de Cristo, Babilonia mantuvo una reputación imbatible, pues ningún ejército hostil había logrado penetrar sus murallas. Sin embargo, la historia de su caída resulta atípica: Ciro, uno de los grandes conquistadores de la época, intentó tomar la ciudad y sus impenetrables murallas. Los consejeros del Rey de Babilonia, Nabonido, lo persuadieron de salir al encuentro de Ciro y dar batalla antes de que la ciudad fuera asediada. En la batalla que siguió, Ciro aplastó al ejército de Babilonia, lo que causó que este último huyera a la ciudad. En ese momento, Ciro ingresó por las puertas abiertas y tomó posesión de la misma sin encontrar resistencia alguna.

A partir de aquel momento, el poder y prestigio de la ciudad comenzaron a disminuir gradualmente, hasta que, cientos de años después, fue abandonada por completo y dejada a su suerte. Este abandono provocó que los vientos y las tormentas cubrieran sus estructuras con la arena del desierto donde se alzaba originalmente. Babilonia había caído y ya no volvería a erguirse. Sin embargo, su posición como la cuna de la civilización permanece inalterada y perdurará a través de los siglos venideros.

Aunque los templos de Babilonia han desaparecido con el paso del tiempo, su sabiduría sigue siendo relevante y perdura hasta nuestros días.

EL AUTOR Y SU LIBRO

GEORGE SAMUEL CLASON nació el 7 de noviembre de 1874 en Luisiana, Missouri. Asistió a la Universidad de Nebraska y sirvió en el Ejército de los Estados Unidos durante la Guerra Hispano-Estadounidense. Posteriormente, inició una exitosa carrera en el mundo editorial, fundando la Clason Map Company en Denver, Colorado, donde publicó el primer mapa de carreteras de los Estados Unidos y Canadá. En 1926, publicó el primero de una serie de famosos panfletos sobre ahorro y éxito financiero, basados en parábolas de la antigua Babilonia, que explican cada uno de sus planteamientos. Estos panfletos se distribuyeron en grandes cantidades por bancos, compañías de seguros y empleadores, llegando a millones de personas. El más conocido de estos panfletos es "El Hombre más rico de Babilonia", que inspiró el título del presente volumen. Estas parábolas babilónicas se han juntado para dar forma a un moderno clásico literario inspirador.